바로바로 중국어 독학 첫걸음

Chinese Conversation for Beginners

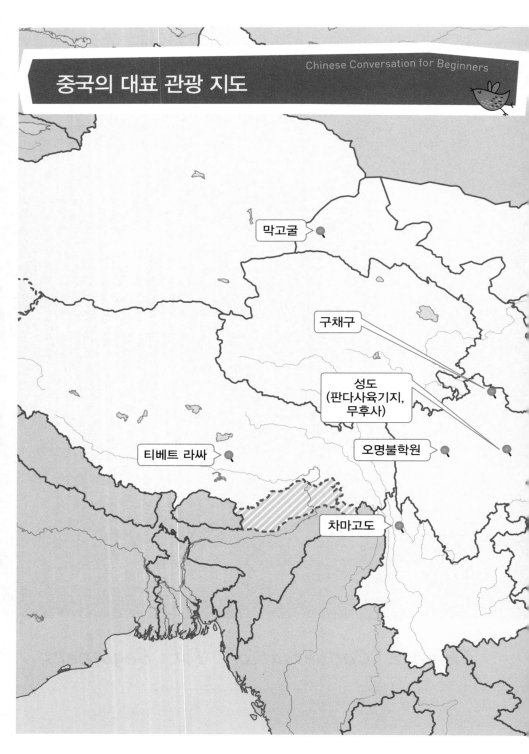

중국의 대표 관광 지도

막고굴

구채구

성도
(판다사육기지,
무후사)

티베트 라싸

오명불학원

차마고도

합이빈

내몽고 자치구
호화호특 시

만리장성

운강석굴

북경
(자금성, 천안문,
이화원, 왕부정)

공자유적

용문석굴

소림사

진시황릉과 병마용갱

항주
(서호, 영은사,
송성)

안휘성 황산

상해
(임시정부청사,
루쉰공원, 외탄,
동방명주탑, 예원)

장가계

계림
(상비산, 복파산, 첩채산,
천산공원, 칠성공원, 호적암,
용척제전, 양삭)

마카오

홍콩

하이난 섬

무 조 건 따라하면 통하는
바로바로 중국어 독학 첫걸음

저 자 이원준
발행인 고본화
발 행 탑메이드북
교재공급처 반석출판사
2024년 10월 15일 개정 1쇄 인쇄
2024년 10월 20일 개정 1쇄 발행
반석출판사 | www.bansok.co.kr
이메일 | bansok@bansok.co.kr
블로그 | blog.naver.com/bansokbooks

07547 서울시 강서구 양천로 583. B동 1007호
(서울시 강서구 염창동 240-21번지 우림블루나인 비즈니스센터 B동 1007호)
대표전화 02) 2093-3399 팩 스 02) 2093-3393
출 판 부 02) 2093-3395 영업부 02) 2093-3396
등록번호 제 315-2008-000033호

ISBN 978-89-7172-995-3 (13720)

무조건
따라하면
통하는

바로바로
중국어
독학 첫걸음

탑메이드북

Preface 머리말

현재 중국의 국민총생산액은 18조 5,000억 달러로 미국에 이어 세계 2위를 기록하고 있습니다.(2024년 기준) 중국이 머지않아 미국을 추월한다는 전망을 언론매체에서 자주 접하곤 합니다. 중국은 전 세계에 차이나 충격을 던지면서 우리에게 기회보다는 위협적인 존재로 보다 강하게 대두되고 있습니다. 이에, 우리나라의 미래에 중국은 커다란 비중을 차지할 것이며 중국어의 필요성은 더욱 커져가고 있습니다.

또한, 중국어는 세계에서 가장 널리 사용되는 언어로 알려져 있습니다. 단순하게는 인구수가 많기 때문이지만, 여기에 경제력이 가세한다면 그 힘은 실로 어마어마할 것입니다.

이러한 조류에 맞추어 이 책은 일상생활, 세련된 교제, 유창한 대화, 거리낌 없는 감정, 여행과 출장 등에 관한 주요 중국어표현을 엄선하여 쉽게 활용할 수 있게 꾸몄습니다. 또한 자기 생각을 최대한 쉬운 방법으로 상대방에게 전달할 수 있도록 중국어문장 위에 한글문장을 배치했으며 한글로 중국어발음을 표기했습니다. 이 책은 어떤 장면이나 상황에서도 중국어회화를 정확하고 다양하게 익힐 수 있도록 체계적으로 배려하였습니다. 이 책의 특징은 다음과 같습니다.

- 중국어 초보자도 쉽게 접근할 수 있는 기본적인 회화표현 제공
- 장면별, 상황별 회화를 바로바로 활용할 수 있는 사전식 구성
- 중국어 초보자를 위해 한글로 중국어발음 표기
- 이 책 한권으로 중국어 초급회화에서 중급회화까지 마스터

끝으로 이 책이 세상에 나오기까지 기획에서 편집, 제작에 이르기까지 정성을 다해 주신 분들께 감사드립니다. 아무쪼록 이 책이 독자 여러분의 학습에 많은 도움이 된다면 더 이상 바랄 것이 없으며, 아낌없는 성원과 질정을 부탁드립니다.

이원준

Contents 목차

Contents 목차

중국어회화를 위한 발음과 어법

1. 중국어의 발음
2. 중국어의 어법

중국어는 매우 즐겁게 배울 수 있는 매력 있는 언어입니다. 무조건 어렵다고만 생각하지 말고 자신에게 맞는 공부방법을 찾아서 공부하는 것이 필요합니다. 여기서는 중국어를 공부하는 데 있어서 필수적인 중국어의 특징과 발음, 문장성분에 대한 개요를 간략하게 정리하여 학습자 여러분이 중국어 어법과 개념을 파악할 수 있도록 하였습니다.

① 운모(韵母)

운모(韵母)란 우리말(표음문자)의 모음과 대체적으로 같은 것으로, 모두 16개의 일반운모와 20개의 결합운모로 이루어져 있다.

단운모 「i, u, ü」 및 이들과 결합하여 이루어지는 결합운모는 성모와 결합하지 않고 단독음절로 쓰일 때 「i, u, ü」는 각각 「yi, wu, yu」로 표기한다.

단운모	a	o	e	i	u	ü
복운모	ai	ei	ao	ou		
부성운모	an	en	ang	eng		
권설운모	er					

1. 단운모(単韵母)
운모 중 가장 기본이 되는 발음이며, 발음할 때 처음부터 끝까지 입 모양과 혀의 위치가 변하지 않는다.

2. 복운모(復韵母)
두 개의 단운모(単韵母)가 결합하여 이루어진 것으로, 입 모양과 혀의 위치는 발음을 시작할 때와 끝날 때가 각각 다르다.

3. 부성운모(附声韵母)
단운모에 비음운미(鼻音韵尾)인 「n · ng」가 결합하여 이루어진 것으로 입 모양과 혀의 위치는 시작할 때와 끝날 때가 각각 다르다.

4. 권설운모(卷舌韵母)
성모와 결합하지 않고 단독으로 쓰이거나, 때로는 병음의 끝에 붙어서 발음 변화를 일으키기도 한다.

5. 결합운모(结合韵母)
개운모인 「i · u · ü」와 결합하여 만들어진 복합운모를 말하는데 「i」와 결합된 것 8개, 「u」와 결합된 것 8개, 「ü」와 결합된 것 4개로 총 20개가 있다.

제치음 齐齿音	ya (ia)	ye (ie)	yao (iao)	you (iu)	yan (ian)	yin (in)	yang (iang)	ying (ing)
합구음 合口音	wa (ua)	wo (uo)	wai (uai)	wei (ui)	wan (uan)	wen (un)	wang (uang)	weng (ong)
촬구음 撮口音	yue (ue/üe)	yuan (uan)	yun (un)	yong (iong)				

② 성모(声母)

성모(声母)란 표음문자 말소리를 기호로 나타낸 문자의 자음과 대체적으로 같은 것으로 발음 부위와 방법에 따라 다음과 같이 분류할 수 있다.

순음(唇音)	b	p	m	f
설첨음(舌尖音)	d	t	n	l
설근음(舌根音)	g	k	h	
설면음(舌面音)	j	q	x	
권설음(卷舌音)	zh	ch	sh	r
평설음(平舌音)	z	c	s	

★성모 중에 「zh, sh, r, z, c, s」를 제외하고는 단음으로, 독립적으로 음을 나타낼 수 없으며 반드시 모음 앞에서 첫소리만 낸다.

1. 순음(唇音)
윗입술과 아랫입술, 또는 윗니와 아랫입술이 작용하여 내는 소리. 모두 「워」음을 붙여서 읽는다.

2. 설첨음(舌尖音)
혀끝과 윗잇몸이 작용하여 내는 소리이다. 모두 「어」음을 붙여서 읽는다.

3. 설근음(舌根音)
혀뿌리와 여린입천장이 작용하여 내는 소리이다. 모두 「어」음이 붙어 발음한다.

4. 설면음(舌面音)
혓바닥과 경구개가 작용하여 내는 소리이다. 모두 「이」음이 들어간다.

5. 권설음(卷舌音)

혀끝 뒷편과 경구개가 작용하여 나는 소리이다. 모두 「으」음을 붙여 발음한다.

6. 평설음(平舌音)

혀끝과 윗니가 작용하여 내는 소리이다. 권설음에 상대하여 평설음이라고 한다. 발음할 때 혀를 펴고 해야 한다. 「i(으)」를 붙여 발음한다.

③ 성조(声调)

중국어는 다른 언어와 다르게 특별한 높낮이를 가지며 네 가지로 구분해서 소리를 내는데 이것을 4성(四声)이라고 한다. 보통 성조를 표시할 때 그림과 같이 높낮이 구분을 한다. 여기서 중간음은 일반적인 대화를 할 때 자신이 내는 음의 높이를 말한다.

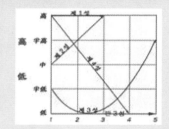

이 중간음을 기준으로 조금 높게 발음하면 고음, 즉 1성의 소리영역이 되고, 이 중간음에서 약간 낮게 발음하면 3성을 낼 수가 있다. 보통 말하는 톤은 개인마다 다르기 때문에 그 음역도 달라진다. 일반적으로 남자는 좀더 낮은 톤으로 여자는 높은 톤으로 발음하게 된다.

1. 제1성은 높고 평탄하게 발음한다.

   ā   mā   gē   yī   pāi   shān   guāng

2. 제2성은 중간에서 높은 음으로 올리며 내는 소리이다.

   má   péng   míng   lá   huí   yé   réng

3. 제3성은 중저음에서 저음으로 내렸다가 다시 올라가면서 발음한다.

   nǎi   yǎn   wǔ   zhǎng   nǐ   guǎng   yǔn

4. 제4성은 짧고 세게 발음한다.

   mài   kàn   shù   fàng   suàn   huì   yuè   yùn

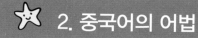

1. 중국어의 품사와 약어

구 분	중국어 품사명	略语
명 사	名词	名
대명사	代词	代
동 사	动词	動
조동사	能愿动词	能動
형용사	形容词	形
수 사	数词	數
양 사	量词	量
부 사	副词	副
전치사	介词	介
접속사	连词	連
조 사	助词	助
감탄사	嘆词	嘆
의성어	拟声词	擬聲
의태어	拟态词	擬態

2. 중국어의 문장성분

1. 주어(主语)와 술어(谓语)

① 중국어는 영어처럼 문장의 주어와 술어의 위치가 같고 문법도 비슷하다.

- 안녕하세요!

    你好!

    Nǐ hǎo!

- 나는 서점에 갑니다.

    我去书店。

    Wǒ qù shū diàn。

② 회화에서는 주어와 술어가 생략될 수 있다.

- 안녕하세요?

  你好吗?

  Nǐ hǎo ma?

- (저는) 네.

  (我)很好。

  (wǒ) hěn hǎo。

  → '我' 주어가 생략

- 누가 학생이죠?

  谁是学生?

  Shéi shì xué shēng?

- 그입니다.

  他。

  Tā。

  → '是学生' 술어가 생략

2. 목적어(宾语)

목적어는 주로 동사 뒤에서 동작이나 행위를 구체적이고 명확하게 해 준다.

- 저는 친구가 있습니다.

  我有朋友。

  Wǒ yǒu péng yǒu。

- 그는 대학생이다.

  他是大学生。

  Tā shì dà xué shēng。

3. 한정어(定语)

한정어는 명사를 수식하며 한정어와 중심어 사이에는 조사(的)를 붙인다.

- 나의 책이다.

  我的书。

  Wǒ de shū

  → 명사가 중심어로 될 때는 '的'를 생략할 수 있다.

- 저의 형님입니다. (친족 관계)

  我(的)哥哥。

  Wǒ (de) gē gē

■ 그의 집입니다.

他(的)**家。**

Tā (de) jia

3. 부사어(状语)

부사어는 일반적으로 동사와 형용사를 수식하며 수식어 앞에 놓인다.

■ 선생님은 매우 바쁘시다.

老师很忙。

Lǎo shī hěn máng

■ 그들은 모두 갔다.

他们都走了。

Tā men dōu zǒu le

3 의문문

1. 吗(ma)의 의문문

■ 당신은 선생님입니까?

您是老师吗?

Nín shì lǎo shī ma

2. 긍정, 부정 의문문

긍정과 부정을 같이 나열하여 선택하게 하는 방식이다.

■ 당신 책입니까?

你的书，是不是?

Nǐ de shū, shì bù shì

■ 당신 책이 맞나요?

你的书，对不对?

Nǐ de shū, duì bù duì

■ 이 책은 당신 것입니까?

这一本书，是不是你的?

Zhè yī běn shū, shì bù shì nǐ de

3. 의문대명사를 사용하는 의문문

의문대명사 '**谁**(shéi) 누구, **什么**(shénme) 무엇, **怎么样**(zěnmeyàng) 어떠한, **几**(jǐ) 몇' 등을 이용한다.

- 누가 당신의 어머니입니까?

谁是你的妈妈?

Shéi shì nǐ de mā ma

- 오늘은 무슨 요일입니까?

今天星期**几**?

Jīn tiān xīng qī jǐ

4. 还是(hái shi)의 선택의문문

의문문을 제기한 사람이 두 개의 답이 나올 것이라는 예측하는 경우 선택의
문문으로 질문한다.

- 당신은 갈 겁니까, 안 갈 겁니까?

你去**还是**不去?

Nǐ qù hái shì bú qù

5. 呢(ne)를 이용한 의문문

- 나는 매우 좋아요, 당신은요?

我很好, 你**呢**?

Wǒ hěn hǎo, nǐ ne

6. 好吗(hǎo ma)의 의문문

- 우리 상점에 가는 것이 좋습니까?

我们去商店, **好吗**?

Wǒ men qù shāng diàn, hǎo ma

4 어기조사 了와 동태조사 了

어기조사는 문장의 끝에서 어떤 사건이나 정황이 이미 발생했음을 나타낸다.
그러나 동태조사는 동사의 끝에서 동작이 이미 완성되었거나 반드시 완성되
는 것을 나타낸다.

1. 어기조사 : 사건의 발생

- 당신은 어제 어디 갔었습니까?

昨天你去哪儿**了**?

Zuó tiān nǐ qù na r le

- 학교에 갔었습니다.

我去学校**了**。

Wǒ qù xué xiào le

2. 동태조사 : 동작의 완성

- 당신은 어떤 물건을 샀습니까?

  你买了什么东西?

  Nǐ mǎi le shén me dōng xi

- 저는 옷 한 벌을 샀습니다.

  我买了一件衣服。

  Wǒ mǎi le yī jiàn yī fú

5 比를 이용한 비교문

개사는 2개 사물의 성질, 특징을 비교할 때 사용한다.

- 그는 나보다 크다.

  他比我高。

  Tā bǐ wǒ gāo

- 그는 나보다 매우 큽니다.

  他比我高得多。

  Tā bǐ wǒ gāo de duō

- 이것은 그것보다 좋습니다.

  这个比那个好。

  Zhè ge bǐ nà gè hǎo

- 이것은 그것보다 매우 좋습니다.

  这个比那个好得多。

  Zhè ge bǐ nà gè hǎo dé duō

6 在와 有의 비교

1. 在(zài)는 문장의 주체가 어떤 장소에 존재함을 나타낸다.
   (사람 / 사물 + 在 + 장소)

- 그는 집에 있다.

  他在家里。

  Tā zài jiā li

- 책이 책상 위에 있다.

  书在桌子上。

  Shū zài zhuō zǐ shàng

2. 有(yǒu)는 어떤 장소에 사람이나 사물이 위치한다는 것을 나타낸다.
(장소 + 有 + 사람 / 사물)

- 집에 사람이 있다.

  家里有人。

  Jiā li yǒu rén

- 책상 위에 책이 있다.

  桌子上有书。

  Zhuō zǐ shàng yǒu shū

7 동작의 진행형

1. 正在(zhèng zài)

- 지금 나는 텔레비전을 보고 있다.

  我正在看电视呢。

  Wǒ zhèng zài kàn diàn shì ní

2. 正(zhèng)

- 당신은 마침 잘 왔습니다.

  你来的正好。

  Nǐ lái de zhèng hǎo

3. 在(zài)

- 그는 (지금) 책을 보고 있다.

  他在看书呢。

  Tā zài kàn shū ne

8 会와 能의 비교

1. 会(huì)는 일종의 능력을 표시한다.

- 그는 중국어를 할 줄 안다.

  他会说汉语。

  Tā huì shuō hàn yǔ

2. 能(néng)은 자연적인 능력을 표시한다.

- 그는 배울 수 있다.

  他能学。

  Tā néng xué

Chinese Conversation for Beginners

중국 관광지, 음식
베스트 10

1. 만리장성(万里长城)

중국에서 가장 유명한 관광지가 무엇이냐고 묻는다면 열에 아홉은 아마 만리장성을 꼽을 것이다. 인류가 만든 최대 건축물이라 불리는 만리장성은 길이가 약 2,700km에 달한다. 하지만 중첩되는 부분이나 갈라져 나온 부분까지 합한다면 그보다 훨씬 긴 5,000~6,000km에 이른다고한다. 춘추전국시대에 각 나라들이 북방 민족의 침

입을 막기 위해 쌓았던 성들을 진나라 때 진시황이 연결하고 보수하였으며, 그후 수백 년의 시간 동안 여러 왕조가 여러 차례 보수하고 증축하여 16세기 말에현재의 만리장성의 모습을 갖추게 되었다. 여러 왕조에 의해 오랜 기간 개축된만큼 벽의 높이나 폭, 특징이 조금씩 다른 것이 특징이다. 또한 매우 긴 건축물이므로 어디에서 관람하느냐에 따라 만리장성의 모습도 다르고 느낌도 다른데, 만리장성을 찾는 관광객들에게 가장 인기가 많은 코스는 북경 중심에서 80km 정도 떨어져 있는 팔달령장성이다. 북경 북부라는 지리적 장점도 있지만, 용이 춤을 추는 듯한 역동적인 형상과 군사적 중요성으로 인해 견고하게 지어진 성벽 때문에 많은 관광객들이 만리장성을 관광할 때 이곳을 선택한다.

2. 북경(北京, 베이징)

중국의 현재 수도이자 중국의 여러 왕조의 수도였다. 도시 전체가 중국의 역사를 간직하고 있다고 해도 과언이 아니다. 명나라와 청나라의 궁궐로 사용되었던 자금성은 세계에서 가장 큰 궁궐이다. 명나라 초기에 착공하여 14년이 걸려 완성된 자금성의 규모는 넓이가 72만㎡에 달한다. 주변이 해자로 둘러싸여 있는 것도 특징이다. 방의 개수가 9999개라는 풍문이

있지만 실제로는 8886개라고 한다. 건물 하나하나에 중국의 문화를 그대로 담은 자금성은 금지된 성이라는 이름처럼 오랫동안 백성의 출입을 금하였으나 오늘날에는 고궁박물원으로 사용되어 많은 이들이 찾는 관광지가 되었다. 중국의 대표적인 이미지 하면 모택동(마오쩌둥)의 사진이 걸려 있는 문 이미지를 떠올리

는 사람이 많을 것이다. 이 문이 바로 천안문이다. 황성의 남문으로, 자금성으로 들어가는 문이다. 천안문 앞에는 세계에서 가장 넓은 광장인 천안문 광장이 있다. 100만 명을 수용할 수 있을 정도로 커서 국가적인 대행사가 이곳에서 열리는데, 모택동이 이곳에서 중화민주공화국을 선포한 이후로 중화민주공화국의 상징과도 같은 장소가 되었다. 중국의 민주화 운동이었던 1989년 천안문 사건의 무대이기도 하다. 북경 북부에는 중국 최대 규모의 황실 정원인 이화원이 있다. 총면적이 2.9㎢이며 그중에 인공호수인 군명호(쿤밍호)의 면적이 2.2㎢이다. 인공호수라고 믿기지 않을 만큼 크고 아름다운데, 군명호를 만들기 위해 퍼낸 흙은 인공산인 만수산(완서우산)을 만드는 데 사용되었다. 중국 전통이 담겨 있는 여러 건물들 중에서도 인상적인 것은 창랑, 즉 긴 복도이다. 일종의 산책로인데 길이가 700m가 넘으며, 천장과 벽에 중국 고전을 배경으로 하는 수많은 그림들이 그려져 있어 유명하다. 쇼핑의 중심가는 왕부정(왕푸징)으로, 쇼핑몰과 백화점이 다수 있고, 먹을거리 또한 풍성하다.

3. 내몽고(內蒙古, 네이멍구)

내몽고 자치구는 중화인민공화국 북부 국경지대에 위치해 있다. 수도는 호화호특(후허하오터)이며, 8개의 성과 인접해 있어 중국 내 가장 많은 성과 인접되어 있는 성급 행정구 중 하나이다. 중국 5개의 사막자치구 중의 하나이기도 하다. 동서 간 직선거리는 2,400㎞, 남북의 거리는 1,700㎞, 국경선은 4,200km에 이른다. 7, 8월의  평균 기온이 21~25도라 여행하기 가장 좋은 달이다. 대표적인 여행지로는 푸른 도시라는 뜻을 가진 내몽고의 성도 호화호특, 세계에서 아홉 번째로 큰 고포제(쿠부치) 사막, 내몽고의 중심이 되는 석림곽록(시린궈러) 초원 등이 있다. 초

 원과 사막이 공존하고 밤마다 쏟아져 내리는 하늘의 별을 볼 수 있는 낭만적이고 아름다운 곳이며, 예전에 칭기즈칸이 달렸던 곳이라고 한다. 한국에서 내몽고를 가려면 직항은 없고 북경이나 상해에 가서 환승해야 한다.

4. 합이빈(哈爾濱, 하얼빈)

흑룡강(헤이룽장)성의 성도로 부성급시이며, 중국 동북평원 동북부, 흑룡강성 남부에 있다. 유라시아대륙의 교류의 중심이고, 공중회랑의 허브이며, 중국 문화 명성지 중 하나이다. 중국에서는 위도가 가장 높아 기온이 낮다. 한여름 평균 기온은 19~23도로 선선  하지만, 1월 평균 온도는 영하 15~30도로 아주 춥다. 유명한 축제로는 1985년 개최되기 시작했으며 매해 1월 5일즈음 개막하여 한 달 정도 열리는 빙등축제가 있다. 이 빙등축제는

세계 3대 눈축제로도 유명하다. 매해 신화, 인물, 문화, 한류 등의 주제를 선정해 연출하는데 동화 속의 세상처럼 환상적이다. 또한 합이빈에는 한국 사람이라면 꼭 가보아야 할 안중근 의사 기념관이 있다. 기념관은 1909년 10월 하얼빈 역에서 이토 히로부미를 저격한 안중근 의사의 정신을 기리기 위해 합이빈시와 철도국이 2014년 1월 문을 열었다. 기념관은 의거 현장을 개조한 것으로 내부에서는 각종 사진자료들을 통해 안중근 의사의 일생과 여순(뤼순) 감옥에서의 수감 생활 등을 엿볼 수 있다.

5. 진시황릉과 병마용갱 (秦始皇陵兵馬俑坑)

산서(산시)성 서안(시안)에 있는 진시황릉은 중국 최초의 황제 진시황의 무덤이다. 진시황은 중국 최초의 통일제국인 진나라를 세운 뒤 자신의 업적을 기리기 위해 자신이 묻힐 무덤을 만들기 시작했다. 이 무덤은 무려 39년간 공사가 진행되었으며, 70만여 명이 동원되었다는 기록이 있다고 한다. 막연하게만 전해지던 진시황릉이 발굴되면서 실체를 드러내기 시작한 것은 1974년이다. 아직 발굴되고 있는 중이라 많은 것이 알려져 있지는 않지만, 외관만 보아도 한 면이 400m가량에 높이는 약 76m에 달해 무덤이라기보다는 작은 산이나 언덕 같은 느낌이 들 정도로 어마어마한 규모이다. 진시황릉 근처에는 많은 병사, 말, 전차 등의 진흙모형이 발굴되고 있다. 이를 병마용이라고 한다. 진시황이 자신의

무덤을 지키게 할 목적으로 만든 것으로 파악되며, 실제 크기로 제작된 수천 개에 달하는 병마용들이 발견되어 병마용박물관에 전시되어 있다. 그 수와 규모도 놀랍지만 수많은 병사들의 모형이 각각 다른 표정과 자세, 복장을 하고 있다는 것이 더욱 놀랍다. 많은 중국의 관광지 중에서도 손꼽힐 정도로 많은 이들이 찾는 명소이다.

6. 용문석굴(龙门石窟, 룽먼석굴)

운강석굴, 막고굴과 함께 중국의 3대 석굴 중 하나로, 하남(허난)성 낙양(뤄양)에서 약간 떨어진 곳에 있다. 산의 암벽을 따라 약 2,300여 개의 석굴과 벽감이 자리를 잡고 있는 모습이 마치 벌집을 연상시킨다. 굴 안에는 불상이나 불탑이 모셔져 있는데 굴이나 불상, 불탑의 크기와 모습이 모두 제각각이다. 위진남

북조 시대에 건축되기 시작했으며 당나라 때 완공되었는데 특히 당나라 전성기에 전체 석굴의 60%가 만들어졌다. 불상이 매우 정교하고 아름답게 조각되어 있어 중국 불교문화의 화려함과 정교함, 그리고 거대함을 체험할 수 있다. 대표 석불 중 하나인 봉선사의 비로자나불은 높이가 무려 17m가 넘는다.

7. 소림사(少林寺, 샤오린사)

하남성의 등봉(덩펑)시 서북쪽 숭산에 있는 사찰이다. 숭산복지소실산(嵩山腹地少室山)의 울창한 숲에 자리 잡고 있어 소림사라 불렸으며, 숭산은 소실

산의 서쪽 봉우리 이름이다. 496년 북위 효문제가 존경하는 인도의 고승 발타선사를 위하여 창건했다고 전해진다. 그러나 북주 무제 법난 때에 크게 훼손되었고, 이후 다시 일으켜 세워졌으며, 수나라 문제 때 복원하여 소림사라는 옛 이름으로 부르게 되었다고 한다. 중국 불교 역사상 중요한 지위의 천하제일 명찰로 칭송되고 있는 곳이다. 현재는 국가 5A급 여행지역으로, 전국중점문물보호단위로 지정되었다. 분만 아니라 상주원, 초조암 그리고 탑림을 포함하여 천하의 역사 집합체라 하며, 2010년 8월 2일 세계문화유산으로 등재되었다. 정주, 낙양 등에서 버스를 타고 숭산에 내려서 가면 된다.

8. 공자유적(孔子遺蹟)

산동(산둥)성 곡부(취푸)시에 있다. 곡부시는 공자의 고향으로, 중국의 가장 위대한 사상가인 공자의 흔적들이 많이 남아 있다. 공자의 옛집이 사당으로 개축되어 제사를 지내면서 생긴 공자유적은 그

후 여러 차례 증축, 개축되면서 현재의 모습을 갖추게 되었다. 공자유적은 크게 공자의 제사를 지내는 공자묘, 공자와 그 일가의 자손들의 무덤인 공자림, 후손들의 저택인 공자부 이렇게 세 구역으로 구분할 수 있다. 공

자의 위대함 덕에 공자와 그 후손들이 왕조의 보호를 받으며 번성하였기 때문에 규모가 굉장히 크다. 공자의 사당은 대성전의 면적만 해도 2㎢ 가까이 될 정도이며, 공자림에 있는 후손들의 무덤과 비가 약 10만여 개라고 한

다. 공자부 역시 집이 150여 채에 이른다고 하니 그 규모를 짐작할 수 있다. 중국인들의 사상의 토대가 되는 공자의 유적은 중국 문화를 이해할 수 있는 하나의 키가 될 수 있다. 1994년 유네스코 세계문화유산으로 지정되었다.

9. 항주(杭州, 항저우)

절강(저장)성에 위치한 도시이다. 13세기 마르코 폴로는 '동방견문록'에서 하늘에 천당이 있다면 땅에는 항주와 소주가 있다(上有天堂 下有蘇杭)'라며 항주의 아름다움에 찬사를 보냈다. 마르코 폴로가 항주를 지상의 천당이라 한 것은 항주의 명물 서호 때문인 듯싶다. 이 호수는 크기가 6㎢에 이르며, 도시 한복판에 자리하고 있어 유명한 유적과 아름다운 관광지  를 주변에 두고 있는, 항주에서 가장 인기 있는 명소이다. 서호의 서쪽 천축산 기슭에는 항주의 최대 사찰인 영은사가 있다. 창건 이래 여러 차례 훼손과 중건을 거쳤으며, 1956년과 1975년 두 차례에 걸쳐 대규모의 중수를 실시하였다. 문화혁명 기간에는 저장대학교 학생들의 적극적인 보호 노력으로 군중으로부터의 파괴를 막을 수 있었다. 서호에서 서쪽으로 약 5km 떨어진 곳에는 연못, 포구, 호수, 소택으로 구성된 서계습지가 자리 잡고 있다. 도시 동쪽에는 바다처럼 드넓  고 기세등등한 조석이 있는 전당강이 있고, 남쪽으로는 중국에서 맑은 물로 손꼽히는 천도호가 있다. 송성(宋城)은 송나라의 성곽을 복원한 항주의 테마파크이다. 건물만 복원한 것이 아니라 당시의 복식이나 풍습 등도 함께 재현하고 있어 중국의 전통 문화를 제대로 체험할 수 있다. 기념품이나 음식 등을 팔고 있으며, 수시로 공연도 진행되어 많은 볼거리를 선사한다. 이곳의 명물은 송성가무쇼이다. 마을 안에 있는 극장에서 공연되는 송성가무쇼는 송나라의 역사를 1시간가량 춤, 노래, 서커스 등의 극으로 엮은 것으로 엄청난 스케일을 자랑한다. 항주는 볼거리 이외에 먹거리도 유명한데, 항주의 먹거리로는 소동파가 즐겨먹었다는 동파육과 전설이 있는 거지닭 등이 있으며, 차는 용정차가 유명하다.

10. 상해(上海, 상하이)

상해는 중국 경제의 중심이지만, 역사적으로 유서가 깊은 도시는 아니다. 중국이 개방되면서 급격히 규모가 커졌는데, 이는 제국주의 서양 열강들이 중국에 진출하면서 상해를 거점으로 삼았기 때문이다. 그래서 상해는 중국의 다른 도시들과는 다르게 유럽풍의 건물들이 많다. 개항 당시 건설된 건물들을 리모델링  하여 그대로 상업 건물로 사용하는 경우도 많다. 그리고 이러한 특징 때문에 상해는 식민 지배에 항거하는 여러 세력들이 활동하는 주무대가 되기도 했다. 우리나라의 임시정부도 상해에 있었으며, 홍커우공원(현재 루쉰공원)에서 윤봉길 의사가 도시락 폭탄을 투척하는 등의 활동이 있었다.

 임시정부청사 건물은 그대로 남아 있어 방문할 수 있으니 기회가 된다면 들러보는 것도 좋다. 상해에는 유명한 빌딩구역인 외탄(와이탄)이 있다. 황푸강을 끼고 1.7km 정도 걸으며 상해의 주요 건물들과 야경을 가장 잘 볼 수 있는 포인트인데, 로마네스크, 르네상스, 바로크 등 다양한 양식의 건물을 한눈에 볼 수 있으며, 강 맞은편에는 동방명주탑을 비롯하여 현대식 고층빌딩들이 보여 상해 특유의 분위기를 느낄 수 있어 많은 관광객들이 찾는 명소가 되었다. 상해 구시가지에는 명나라와 청나라 양식의 정원인 예원이 있는데, 중국의 정원 중에서도 섬세하고 아름답기로 손꼽힌다.

중국 음식 베스트 10

1. 마파두부(麻婆豆腐, 마포또우푸)

사천의 고전요리 중 하나이다. 연한 두부와 잘게 다진 고기, 매운 고추와 산초를 볶아 만든다. 청나라 때 성도 만복교에 있는 식당 진흥성반포의 여사장이 처음으로 만들었는데 그녀의 얼굴에 몇 개의 곰보자국이 있어 마파두부(麻: 참깨, 婆: 할머니, 豆腐: 두부)라는 이름이 지어졌다고 한다.

2. 감자볶음(炒土豆丝, 차오투또우스)

중국의 대표적인 가정식 요리이다. 한국의 감자볶음과는 다르게 약간의 아삭아삭한 식감이 있는데 이는 얇게 채를 썬 감자를 물에 10~20분 정도 불려 전분을 빼고 조리하였기 때문이다. 간단히 전분을 뺀 감자를 후라이팬에 마늘과 고추, 파 등과 기름을 두른 후라이팬에 볶아 소금이나 간장으로 간을 하여 조리한다.

3. 대나무잎밥(粽子, 쫑즈)

쫑즈라고 하는 대나무잎밥은 중국인들이 단오절에 먹는 대표적인 음식이다. 전국시대에 초나라 시

인 굴원이 초희왕에게 여러 차례 진언을 하다 미움을 사 유배된 뒤, 초나라 수도가 진나라에 의해 함락되었다는 소식을 듣고 5월 5일 멱라강에 몸을 던졌고, 이를 안타깝게 여긴 백성들이 물고기들이 굴원의 시체를 먹지 못하도록 물속에 밥을 던진 것에서 유래되었다.

4. 과일꼬치(糖葫芦, 탕후루)

중국의 대표 간식 중 하나로, 산사나 기타 과일 등을 대나무 꼬치에 꽂아 물엿에 발라 빨리 응고시켜 먹는 과일꼬치이다. 황귀비가 병에 걸려 식음을 전폐하다 산사에 설탕을 달여 먹게 한 것이 전해지면서 대표 간식이 되었다고 한다. 처음에는 산사만 꼬치에 끼워 먹었으나, 최근에는 다양한 과일을 시럽에 코팅시켜 즐기기도 한다.

5. 동파육(东坡肉, 똥포로우)

항주의 대표적인 돼지고기 찜 요리이다. 소동파가 오랜 친구와 바둑을 두다 너무 열중한 나머지 돼지고기 요리를 하고 있는 걸 까맣게 잊어 눌러붙은 요리를 그대로 내놓을 수밖에 없었는데 이것이 나중에는 항주의 대표요리 중 하나가 되었다고 한다. 소동파가 만들고 그가 즐겨먹던 음식이라 하여 그의 이름을 붙여 동파육이라고 한다.

6. 양고기 꼬치(羊肉串, 양로우추안)

원래 신장 지역의 음식이었는데, 오늘날 중국의 대
표적인 길거리 음식으로 자리 잡았다. 잘게 썬 양
고기를 철사나 대나무 꼬치에 끼워 숯불에 구워 먹
는데 이때 양고기의 누린내를 잡기 위해 쯔란(코스
모스 씨와 같이 생긴 향신료)에 찍어 먹는다. 양고
기의 누린내와 향신료 때문에 호불호가 갈리는 음식 중 하나이다. 양고기 애호가
들은 맥주와 함께 먹으면 가장 맛있다고 하며, 중독성이 강하다.

7. 건두부 쌈(京酱肉丝, 징장로우스)

북경의 대표적인 요리이다. 춘장에 볶은 돼지고기
를 생파, 야채와 함께 건두부에 싸 먹는 쌈요리인
데, 파의 향과 두부의 담백한 맛, 그리고 돼지고기
의 부드러운 맛이 잘 어울려져 한국인의 입맛에도
잘 맞는다.

8. 마라탕(麻辣烫, 마라탕)

각종 야채와 면, 어묵, 해산물 등을 넣어 끓인 요리
인데, 음식의 맵기도 조절 가능하다. 장강 인접 지
역에서 요리법이 시작되었다고 전해지는데, 현재
는 지역마다 조리법과 맛이 조금씩 다 다르다. 국
물이 얼큰하고 고소하여 한국인의 입맛에도 비교

적 맞는 편이나, 중국의 비위생 음식에 들어간다고 하니 비교적 위생 관리가 철저한 식당에서 먹는 걸 추천한다.

9. 중국식 샤브샤브 (火锅, 훠궈)

중국식 사브샤브인 훠궈는 사천, 중경에서 발달한 요리이다. 진한 육수에 매운 고추와 마라를 넣고 끓여 얇게 썬 양고기와 소고기, 기타 야채, 해산물을 익혀서 먹는다. 매운 음식을 싫어하는 사람은 그냥 진한 육수에 익혀 먹도록 양갈래로 나누어진 냄비에 하나는 매운맛, 하나는 안 매운맛으로 선택할 수 있다.

10. 취두부 (臭豆腐, 초우또우푸)

중국의 전통 음식의 하나이다. 왕치화라는 사람이 과거시험을 위해 북경에 갔다가 낙방하자, 상심하여 고향에 가지 않고 북경에서 두부 장사를 하게 되었는데, 설상가상으로 비는 내리고 두부도 팔리지 않고, 두부에 곰팡이까지 피기 시작한다. 고심 끝에 곰팡이가 핀 두부를 소금물에 씻어 맛을 보니 맛이 특이하여 그 두부를 간판을 걸어 팔기 시작하였다. 이것이 취두부의 유래이다. 취두부는 강한 암모니아 향으로 비위가 약한 사람은 먹기 힘이 드나, 냄새를 참고 먹으면 두부의 고소한 맛이 더욱 강한 중독성이 있다고 한다.

Chinese Conversation for Beginners

중국 여행
필수 단어

국내선 国内线 guó nèi xiàn 꾸오 네이 시엔	**국제선** 国际线 guó jì xiàn 꾸오 지 시엔
탑승창구 登机口 dēng jī kǒu 덩 지 코우	**항공사** 航空公司 háng kōng gōng sī 항 콩 꽁 스
탑승수속 登机手续 dēng jī shǒu xù 덩 지 소우 쉬	**항공권** 机票 jī piào 지 피아오
여권 护照 hù zhào 후 짜오	**탑승권** 登机牌 dēng jī pái 덩 지 파이
금속탐지기 金属探测器 jīn shǔ tàn cè qì 진 쑤 탄 처 치	**창가좌석** 靠窗的座位 kào chuāng de zuò wèi 카오 추앙 더 주오 웨이
통로좌석 通道的座位 tōng dào de zuò wèi 통 다오 더 주오 웨이	**탁송화물** 托运行李 tuō yùn xíng li 투오 윈 싱 리
수화물표 行李票 xíng li piào 싱 리 피아오	**추가 수화물 운임** 增加行李运费 zēng jiā xíng li yùn fèi 정 지아 싱 리 윈 페이

세관
海关
hǎi guān
하이 꾸안

신고하다
申告
shēn gào
썬 까오

출국신고서
出境卡
chū jìng kǎ
추 징 카

면세점
免税店
miǎn shuì diàn
미엔 쑤이 디엔

입국심사
入境审查
rù jìng shěn chá
루 징 썬 차

휴대품신고서
携带物品申报单
xié dài wù pǐn shēn bào dān
시에 다이 우 핀 썬 빠오 단

비자
签证
qiān zhèng
치엔 쩡

세관원
海关人员
hǎi guān rén yuán
하이 꾸안 런 위엔

① 창문	② 스튜어디스	③ 객석 위쪽의 짐칸	
窗户	空姐	舱顶行李箱	
chuāng hu	kōng jiě	cāng dǐng xíng lǐ xiāng	
추앙 후	콩 지에	창 딩 싱 리 시앙	
④ 에어컨	⑤ 조명	⑥ 모니터	⑦ 좌석(자리)
空调	阅读灯	显示器	座位
kōng tiáo	yuè dú dēng	xiǎn shì qì	zuò wèi
콩 티아오	위에 두 덩	시엔 쓰 치	주오 웨이
⑧ 구명조끼	⑨ 호출버튼	⑩ 짐	⑪ 안전벨트
救生衣	呼叫按钮	行李	安全带
jiù shēng yī	hū jiào àn niǔ	xíng li	ān quán dài
지우 썽 이	후 지아오 안 니우	싱 리	안 취엔 다이
⑫ 통로	⑬ 비상구	⑭ 화장실	⑮ 이어폰
通道	紧急出口	厕所	耳机
tōng dào	jǐn jí chū kǒu	cè suǒ	ěr jī
통 따오	진 지 추 코우	처 수오	얼 지

① 조종실	② 기장	③ 부기장	④ 활주로
驾驶舱	机长	副机长	机场跑道
jià shǐ cāng	jī zhǎng	fù jī zhǎng	jī chǎng pǎo dào
지아 쓰 창	지 짱	푸 지 짱	지 창 파오 다오

Unit 03 기내서비스

신문
报纸
bào zhǐ
빠오 쯔

면세품 목록
免税商品目录
miǎn shuì shāng pǐn mù lù
미엔 쑤이 쌍 핀 무 루

잡지
杂志
zá zhì
자 쯔

담요
毛毯
máo tǎn
마오 탄

베개
枕头
zhěn tou
쩐 토우

입국카드 入境卡 rù jìng kǎ 루 징 카		**티슈** 纸巾 zhǐ jīn 쯔 진	

음료수 饮料 yǐn liào 인 리아오	**기내식** 机内餐 jī nèi cān 지 네이 찬	**맥주** 啤酒 pí jiǔ 피 지우
와인 红酒 hóng jiǔ 홍 지우	**물** 水 shuǐ 쑤이	**커피** 咖啡 kā fēi 카 페이
차 茶 chá 차		

Unit 04 입국목적

비즈니스 商务 shāng wù 쌍 우	**여행, 관광** 旅行, 观光 lǚ xíng, guān guāng 뤼 싱, 꾸안 꾸앙
공무 公务 gōng wù 꽁 우	**취업** 就业 jiù yè 지우 예

거주
居住
jū zhù
쥐 쭈

친척 방문
探亲
tàn qīn
탄 친

유학
留学
liú xué
리우 쉬에

귀국
回国
huí guó
후이 꾸오

기타
其它
qí tā
치 타

Unit 05 거주지

호텔
酒店
jiǔ diàn
지우 디엔

친척집
亲戚的家里
qīn qi de jiā lǐ
친 치 더 지아 리

친구집
朋友的家里
péng you de jiā lǐ
펑 요우 더 지아 리

미정입니다
还没决定。
hái méi jué dìng
하이 메이 쥐에 딩

예약 预订 yù dìng 위 딩	체크인 登记入住 dēng jì rù zhù 덩 지 루 쭈	체크아웃 退房 tuì fáng 투이 팡
싱글룸 单人间 dān rén jiān 단 런 지엔	더블룸 标准间 biāo zhǔn jiān 삐아오 쭌 지엔	트윈룸 双人间 shuāng rén jiān 쑤앙 런 지엔
스위트룸 豪华间 háo huá jiān 하오 후아 지엔	다인실 多人间 duō rén jiān 두오 런 지엔	일행 同行 tóng xíng 통 싱
흡연실 吸烟室 xī yān shì 시 엔 쓰	금연실 禁烟室 jìn yān shì 진 엔 쓰	방값 房价 fáng jià 팡 지아
예약번호 预约号码 yù yuē hào mǎ 위 위에 하오 마	방카드 房卡 fáng kǎ 팡 카	

① 프런트
接待处
jiē dài chù
지에 다이 추

② 접수계원
接待处职员
jiē dài chù zhí yuán
지에 다이 추 쯔 위엔

③ 도어맨
迎宾先生
yíng bīn xiān sheng
잉 삔 시엔 썽

④ 벨보이
门童
mén tóng
먼 퉁

⑤ 사우나
桑拿浴
sāng ná yù
상 나 위

⑥ 회의실
会议室
huì yì shì
후이 이 쓰

⑦ 레스토랑
西式饭店
xī shì fàn diàn
시 쓰 판 디엔

⑧ 룸메이드
客房服务员
kè fáng fú wù yuán
커 팡 푸 우 위엔

⑨ 회계
会计人员
huì jì rén yuán
후이 지 런 위엔

호텔(주점/반점)
宾馆(酒店/饭店)
bīn guǎn (jiǔ diàn / fàn diàn)
삔 꽌(지우 디엔 / 판 디엔)

캠핑
野营
yě yíng
예 잉

게스트하우스
小型家庭旅馆
xiǎo xíng jiā tíng lǚ guǎn
시아오 싱 지아 팅 뤼 꽌

유스호스텔.YHA
国际青年旅社
guó jì qīng nián lǚ shè
꾸오 지 칭 니엔 뤼 써

조선족 민박
朝鲜族民宿
cháo xiǎn zú mín sù
차오 시엔 주 민 수

비즈니스 호텔
经济
jīng jì
징 지

여관, 여사
旅馆, 旅社
lǚ guǎn, lǚ shè
뤼 꽌, 뤼 써

대학 기숙사
大学宿舍
dà xué sù shè
다 쉬에 수 써

모닝콜
叫醒
jiào xǐng
지아오 싱

세탁
洗衣服
xǐ yī fú
시 이 푸

다림질
熨衣服
yùn yī fu
윈 이 푸

드라이클리닝
干洗
gān xǐ
깐 시

방청소
清扫房间
qīng sǎo fáng jiān
칭 사오 팡 지엔

식당 예약
预订饭店
yù dìng fàn diàn
위 딩 판 디엔

안마
按摩
àn mó
안 모어

식사
用餐
yòng cān
용 찬

미니바
迷你吧
mí nǐ ba
미 니 빠

팁
小费
xiǎo fèi
시아오 페이

Unit 10 교통수단

비행기
飞机
fēi jī
페이 지

헬리콥터
直升机
zhí shēng jī
쯔 썽 지

케이블카
缆车
lǎn chē
란 처

여객선
客船
kè chuán
커 창

요트
小帆船
xiǎo fān chuán
시아오 판 추안

잠수함
潜水艇
qián shuǐ tǐng
치엔 쑤이 팅

자동차 汽车 qì chē 치 처	**버스** 公共汽车 gōng gòng qì chē 꽁 꽁 치 처	**기차** 火车 huǒ chē 후오 처
지하철 地铁 dì tiě 띠 티에	**자전거** 自行车 zì xíng chē 즈 싱 처	**트럭** 卡车 kǎ chē 카 처
크레인 吊车 diào chē 디아오 처		**모노레일** 单轨列车 dān guǐ liè chē 단 꾸이 리에 처
소방차 消防车 xiāo fáng chē 시아오 팡 처		**구급차** 救护车 jiù hù chē 지우 후 처
이층버스 双层巴士 shuāng céng bā shì 쑤앙 청 빠 쓰		**견인차** 牵引车 qiān yǐn chē 치엔 인 처 
관광버스 观光巴士 guān guāng bā shì 꾸안 꾸앙 빠 쓰		**레미콘** 混凝土搅拌车 hùn níng tǔ jiǎo bàn chē 훈 닝 투 지아오 빤 처
순찰차 巡逻车 xún luó chē 쉰 루오 처	**오토바이** 摩托车 mó tuō chē 모 투어 처	**증기선** 渡轮 dù lún 두 룬

지게차
叉车
chā chē
차 처

열기구
热气球
rè qì qiú
러 치 치우

스포츠카
跑车
pǎo chē
파오 처

벤
保姆车
bǎo mǔ chē
빠오 무 처

Unit 11 자동차 명칭 / 자전거 명칭

① **엑셀(가속페달)**
油门
yóu mén
요우 먼

② **브레이크**
刹车
shā chē
싸 처

③ **백미러**
后视镜
hòu shì jìng
호우 쓰 징

④ 핸들	⑤ 클랙슨	⑥ 번호판
方向盘	汽车喇叭	车牌
fāng xiàng pán	qì chē lǎ bā	chē pái
팡 시앙 판	치 처 라 빠	처 파이
⑦ 변속기	⑧ 트렁크	⑨ 클러치
变速器	后备箱	离合器
biàn sù qì	hòu bèi xiāng	lí hé qì
삐엔 수 치	호우 뻬이 시앙	리 허 치

① 안장	② 앞바퀴	③ 뒷바퀴
车座	前轮	后轮
chē zuò	qián lún	hòu lún
처 주오	치엔 룬	호우 룬

④ 체인
链条
liàn tiáo
리엔 티아오

⑤ 페달
脚踏板
jiǎo tà bǎn
지아오 타 빤

Unit 12 교통표지판

양보
减速让行
jiǎn sù ràng xíng
지엔 수 랑 싱

일시정지
临时停车
lín shí tíng chē
린 쓰 팅 처

추월금지
禁止超车
jìn zhǐ chāo chē
진 쯔 차오 처

제한속도
限制速度
xiàn zhì sù dù
시엔 쯔 수 뚜

일방통행
单行道
dān xíng dào
딴 싱 따오

주차금지
禁止停车
jìn zhǐ tíng chē
진 쯔 팅 처

우측통행
右侧通行
yòu cè tōng xíng
요우 처 통 싱

진입금지
禁止进入
jìn zhǐ jìn rù
진 쯔 진 루

유턴금지
禁止掉头
jìn zhǐ diào tóu
진 쯔 디아오 토우

낙석도로
落石道路
luò shí dào lù
루오 스 따오 루

어린이 보호구역
儿童保护区域
ér tong bǎo hù qū yù
얼 통 빠오 후 취 위

좌회전
左转
zuǒ zhuǎn
주오 쭈안

우회전
右转
yòu zhuǎn
요우 쭈안

직진
直走
zhí zǒu
쯔 조우

백(back)
后退
hòu tuì
호우 투이

유턴
掉头
diào tóu
디아오 토우

동서남북
东 西 南 北
dōng xī nán běi
똥 시 난 뻬이

신호등
红绿灯
hóng lǜ dēng
홍 뤼 떵

횡단보도
人行横道
rén xíng héng dào
런 싱 헝 따오

52

주유소
加油站
jiā yóu zhàn
지아 요우 짠

인도
人行道
rén xíng dào
런 싱 따오

차도
车道
chē dào
처 다오

고속도로
高速公路
gāo sù gōng lù
까오 수 꽁 루

교차로
交叉路口
jiāo chā lù kǒu
지아오 차 루 코우

지하도
地下通道
dì xià tōng dào
디 시아 통 다오

버스정류장
公交车站
gōng jiāo chē zhàn
꽁 지아오 처 짠

방향표지판
方向指示牌
fāng xiàng zhǐ shì pái
팡 시앙 쯔 쓰 파이

육교
天桥
tiān qiáo
티엔 치아오

공중전화
公用电话
gōng yòng diàn huà
꽁 용 띠엔 후아

01

Chinese Conversation for Beginners

자연스런
만남의 표현

중국인들은 인사할 때 우리처럼 고개를 숙이는 신체적인 행위는 하지 않습니다. 어떻게 보면 무성의해 보이기도 하나, 어떤 면에서는 참 간편한 인사법이라 할 수 있습니다. 일상생활에서 빈번히 쓰이는 기본적인 인사 표현은 충실히 익혀두어 자연스런 만남이 이루어지도록 합시다.

Chapter 01 일상적인 만남의 인사

손아랫사람에게는 你(nǐ)를 사용하고, 손윗사람에게는 您(nín)을 사용합니다. 您은 你의 경어표현이지만 실제 대화에서는 你로 사용을 해도 무방합니다. 중국에서는 일반적인 인사표현으로 你好(nǐhǎo)가 있으며, 이것은 하루종일 사용할 수 있는 인사입니다. 또한 아침인사를 早安(zǎoān)/早上好(zǎoshànghǎo), 점심인사는 午安(wǔān), 저녁인사는 晚安(wǎnān)/晚上好(wǎnshànghǎo)로 나누어 사용하기도 합니다.

Unit 1   아는 사람을 만났을 때

💬 안녕하세요?

你好。
Nǐ hǎo
니하오

> 3성이 두 번 이어질 경우에는 처음 3성은 2성으로 발음한다.

💬 안녕하세요?

您好。
Nín hǎo
닌하오

> 您은 你의 존칭으로 손윗사람에 인사할 때 쓰이지만, 실제로는 你好를 사용해도 무방하다.

💬 안녕하세요(안녕히 주무셨어요)?

你早。
Nǐ zǎo
니자오

> 아침에 만났을 하는 인사로 흔히 早만 쓰기도 한다.

💬 어디에 갑니까?

去哪儿啊？

Qù nǎr ā

취날아

자주 만나는 친한 사람일 경우에는 이처럼 상대가 현재 하고 있는 일을 화제로 하여 인사하는 경우가 많다.

💬 뭐 하러 가십니까?

干吗去呀？

Gàn mà qù ya

간마취야

💬 뭐 하고 계십니까?

干吗呢？

Gàn mà ne

간마너

💬 여기에 계셨군요.

你在这儿呢。

Nǐ zài zhèr ne

니 짜이절너

💬 마침 잘 오셨습니다.

你来得正好。

Nǐ lái de zhèng hǎo

니 라이더 쩡하오

💬 잘 다녀오셨어요?

回来啦！

Huí lái la

후이라이라

외출을 마치고 집에 돌아오는 사람을 맞이할 때 하는 인사

💬 안녕하세요?

晚上好！

Wǎn shàng hǎo

완샹 하오

저녁에 만났을 때 하는 인사

💬 시간이 늦었습니다.

时候儿不早了。

Shí hòu ér bù zǎo le

스허울 뿌자오러

💬 안녕히 주무세요.

晚安!

Wǎn ān

완안

💬 오늘 바쁘세요?

今天忙吗?

Jīn tiān máng må

진티엔 망마

💬 항상 똑같죠.

和往常一样。

Hé wǎng cháng yī yàng

허왕창 이양

Unit 2 안녕 · 건강에 대한 인사

💬 요즘 어떻게 지냅니까?

最近怎么样?

Zuì jìn zěn mě yàng

쭈이진 쩐머양

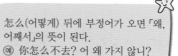
怎么(어떻게) 뒤에 부정어가 오면 「왜, 어째서」의 뜻이 된다.
예 你怎么不去? 어 왜 가지 않니?

💬 잘 지내세요?

还好吗?

Hái hǎo må

하이하오마

💬 예, 잘 지냅니다.

不错，挺好的。

Bù cuò tǐng hǎo de

부춰 팅 하오더

💬 건강은 어떠세요?

身体好了吗？

Shēn tǐ hǎo le ma

썬티 하오러 마

⭐ 몸이 아픈 친한 사람에게 하는 인사

💬 건강하세요?

你身体好吗？

Nǐ shēn tǐ hǎo ma

니썬티 하오마

💬 그리 좋지 않아요.

不是太好。

Bù shì tài hǎo

부스 타이하오

⭐ 是 ~이다, 不是 ~이(가) 아니다

💬 별로 편하지 못합니다.

不太舒服。

Bù tài shū fú

부타이 수푸

💬 그럭저럭 지냅니다.

马马虎虎。

Mǎ mǎ hū hū

마마후후

💬 여전합니다.

还是老样子。

Hái shì lǎo yàng zǐ

하이스 라오양쯔

Unit 3 오랜만에 만났을 때

💬 오랜만입니다.

好久不见了。

Hǎo jiǔ bù jiàn le

하오지우 부지엔러

💬 몇 년 만이죠?

有几年了?

Yǒu jǐ nián le

여우 지니엔러

💬 여전하군요.

你一点没变啊!

Nǐ yì diǎn méi biàn a

니 이디엔 메이삐엔아

💬 오랜만이군요. 어떻게 지내세요?

好久不见, 过得怎么样?

Hǎo jiǔ bù jiàn guò de zěn me yàng

하오지우 부지엔, 꿔더 쩐머양

> 위의 표현은 「어떻게 지냈어요?」라고 현재, 과거 표현 모두 가능하다.

💬 못 알아보게 변했군요.

都快认不出你了。

Dōu kuài rèn bù chū nǐ le

떠우콰이 런뿌추 니러

> 认出(rènchū) 분별하다, 식별하다 ↔ 认不出(rènbùchū)

💬 오랫동안 만나 뵙지 못했네요.

好久没有见面。

Hǎo jiǔ méi yǒu jiàn miàn

하오지우 메이여우 지엔미엔

💬 생각이 많이 났습니다.

挺想你的。

Tǐng xiǎng nǐ de

팅씨아 니더

💬 어떻게 여기에 계십니까?

你怎么也在这儿？

Nǐ zěn me yě zài zhèr

니 쩐머예 짜이쩔

💬 어떻게 여기에 오셨습니까?

你怎么到这儿来了？

Nǐ zěn me dào zhèr lái le

니 쩐머 따오쩔 라이러

💬 너는 지금 어디에 있니?

你现在在哪儿呢？

Nǐ xiàn zài zài nǎr ne

니 씨엔짜이 짜이날너

💬 예뻐지셨군요.

你变漂亮了。

Nǐ biàn piāo liàng le

니 삐엔 퍄오량러

💬 많이 변하셨군요.

你变样了。

Nǐ biàn yàng le

니 삐엔양러

💬 아직 거기에 사세요?

你家还住在那儿吗？

Nǐ jiā hái zhù zài nàr ma

니쟈 하이 쭈짜이 날마

💬 여기서 당신을 만나리라고는 생각지도 못했어요.

没想到能在这儿碰见你。

Méi xiǎng dào néng zài zhèr pèng jiàn nǐ

메이샹따오 넝 짜이쩔 펑지엔니

碰见 뜻밖에 우연히 만나다 / 没想到 생각지도 못하다. 뜻밖이다

💬 정말 대단한 우연이군요.

真是挺巧的。

Zhēn shì tǐng qiǎo de

쩐스 팅챠오더

(Unit 4) 안부인사를 할 때

💬 가족 모두 안녕하신가요?

你家里人都好吗?

Nǐ jiā lǐ rén dōu hǎo ma

니 쟈리런 떠우 하오마

💬 부인께서도 안녕하시지요?

你的爱人也好吧?

Nǐ de ài rén yě hǎo bā

니더 아이런예 하오바

爱人 부인, 배우자 / 情人(qíngrén) 애인

💬 당신의 아이는 어때요?

你的孩子怎么样?

Nǐ de hái zi zěn mè yàng

니더 하이즈 쩐머양

62

Chapter 02 처음 만났을 때의 인사

「자기소개」는 중국어로 自我介绍 (zìwǒjièshào)
라고 합니다. 초면에는 认识你好高兴
(rènshínǐhǎogāoxing 만나서 반갑습니다), 请多指
教(qǐngduōzhǐjiào 많이 가르쳐주세요. 잘 부탁합
니다) 등의 표현을 자주 사용합니다. 소개할 때
주로 쓰이는 동사는 介绍(jièshào)이며, 여기서

「주다」라는 뜻을 가진 동사 给(gěi)가 「~에게」라는 전치사로 쓰이는 것
에 주의합시다.

Unit 1 처음 만났을 때의 인사

💬 제 소개부터 하겠습니다.
我先自我介绍一下儿。
Wǒ xiān zì wǒ jiè shào yī xiàér
워 씨엔 쯔워지에샤오 이씨아

💬 처음 뵙겠습니다. 잘 부탁합니다.
初次见面请多关照。
chū cì jiàn miàn qǐng duō guān zhào
추츠지엔미엔 칭뚸꽌자오

💬 저야말로 잘 부탁드립니다.
我请您多关照。
wǒ qǐng nín duō guān zhào
워칭닌 뚸꽌자오

💬 만나서 반갑습니다.
见到你很高兴!
Jiàn dào nǐ hěn gāo xìng
지엔따오니 헌까오싱

💬 전부터 들어 잘 알고 있습니다.

久仰久仰。
Jiǔ yǎng jiǔ yǎng
지우양 지우양

💬 성함은 많이 들었습니다.

久闻大名。
Jiǔ wén dà míng
지우원 따밍

💬 당신을 만나서 저도 무척 기쁩니다.

认识你我也很高兴!
Rèn shí nǐ wǒ yě hěn gāo xìng
런스니 워예 헌까오씽

也 ~도

💬 알게 되어 기쁩니다.

认识你很高兴。
Rèn shí nǐ hěn gāo xìng
런스니 헌까오씽

영어의 Nice to meet you. 의 번역,
일반적으로 중국인 사이에서는 你
好만으로 인사하는 경우가 많다.

💬 뵙게 되어 영광입니다.

能认识您我感到很荣幸。
néng rèn shí nín wǒ gǎn dào hěn róng xìng
넝런스닌 워깐따오 헌롱씽

💬 앞으로 잘 부탁드립니다.

今后，请多帮助。
Jīn hòu qǐng duō bāng zhù
찐허우 칭뚸 빵쭈

💬 우린 어디서 본 것 같은데요.

我们好像在哪儿见过。
wǒ mén hǎo xiàng zài nǎr jiàn guò
워먼 하오씨앙 짜이날 지엔꿔

💬 이전부터 아는 사이입니까?

以前你们认识吗?

yǐ qián nǐ mėn rèn shí mǎ

이치엔 니먼 런스마

💬 우리들은 벌써 아는 사이입니다.

我们早就认识。

wǒ mėn zǎo jiù rèn shí

워먼 자오지우 런스

Unit 2 이름을 묻고 답할 때

💬 성함이 어떻게 되십니까?

您贵姓?

Nín guì xìng

닌꾸이씽

💬 당신의 이름은 무엇입니까?

你的名字是什么?

Nǐ de míng zì shì shén mė

니더밍쯔 스썬머

什么 무엇

💬 존함을 여쭤도 되겠습니까?

请问你的尊姓大名?

Qǐng wèn nǐ de zūn xìng dà míng

칭원 니더 쭌싱따밍

💬 저는 장군이라고 합니다.

我叫张军。

Wǒ jiào Zhāng jūn

워쟈오 장쥔

叫 ~라고 부르다

💬 저는 성이 왕이고, 왕력이라고 합니다.

我姓王，叫王力。

Wǒ xìng wáng jiào Wáng lì

워씽왕 쟈오왕리

💬 이것은 제 명함입니다.

这是我的名片。

Zhè shì wǒ de míng piàn

쩌스 워더 밍피엔

💬 잘 부탁드립니다.

请多关照。

Qǐng duō guān zhào

칭 뚸 꽌 자오

请 상대방에게 어떤 일을 부탁하거나 권할 때 쓰는 경어이다.

💬 저 분은 누구입니까?

那位是谁？

Nà wèi shì shéi

나웨이 스쉐이

位는 양사로 쓰일 때는 「분」을 나타낸다.

💬 그의 성은 무엇입니까?

他姓什么？

Tā xìng shén me

타씽 션머

💬 그의 이름은 무엇입니까?

他叫什么名字？

Tā jiào shén me míng zi

타쟈오 션머밍즈

💬 그는 누구입니까?

他是谁？

Tā shì shéi

타스쉐이

66

Unit 3 자신에 대해 소개할 때

💬 제 소개를 할까요?

我能介绍自己吗?
Wǒ néng jiè shào zì jǐ mà
워넝 지에샤오 쯔지마

介绍 소개하다, 중매하다,
소개, 설명

💬 제 소개를 하겠습니다.

我介绍一下自己。
Wǒ jiè shào yī xià zì jǐ
워 지에샤오이씨아 쯔지

💬 저희 집은 대(소)가족입니다.

我家是个大(小)家族。
Wǒ jiā shì ge dà xiǎo jiā zú
워쟈 스 거 따(씨아오)쟈주

💬 저는 부모님과 함께 살고 있습니다.

我跟父母一起过。
Wǒ gēn fù mǔ yī qǐ guò
워껀푸무 이치꿔

一起 함께

💬 전 독자입니다.

我是个独生子。
Wǒ shì ge dú shēng zǐ
워스거 두셩즈

💬 전 장남입니다.

我是长子。
Wǒ shì cháng zǐ
워스창즈

Part 01 지연스런 만남의 표현

💬 전 맏딸입니다.
我是長女。
Wǒ shì cháng nǚ
워스 창뉘

💬 전 아직 독신입니다.
我还是单身。
Wǒ hái shì dān shēn
워 하이스 딴션

还 아직

💬 두 분이 서로 인사 나누셨습니까?
你们俩打过招呼了？
Nǐ mén liǎ dǎ guò zhāo hū le
니먼랴 따궈 쟈오후러

💬 이쪽은 제 동료인 왕문입니다.
这是我同事王文。
Zhè shì wǒ tóng shì Wáng wén
쩌스 워퉁스 왕원

💬 저는 왕문이고 이쪽은 제 아내입니다.
我叫王文，这是我妻子。
Wǒ jiào Wáng wén zhè shì wǒ qī zǐ
워쟈오 왕원 쩌스 워치즈

💬 전에 한번 뵌 적이 있는 것 같습니다.
我们好像见过一面。
Wǒ mén hǎo xiàng jiàn guò yī miàn
워먼 하오씨앙 지엔꿔 이미엔

好像 ~같다

💬 저 사람이 바로 당신이 늘 말하던 그 사람입니까?
他就是您常提起过的那个人吗？
Tā jiù shì nín cháng tí qǐ guò de nà ge rén mà
타지우스 닌창 티치궈더 나거런마

68

💬 오래 전부터 한번 찾아뵙고 싶었습니다.

久仰大名，早就想拜见您。

Jiǔ yǎng dà míng zǎo jiù xiǎng bài jiàn nín

지우 양따밍 자오지우 씨앙 빠이지엔닌

💬 우린 여러 번 당신 이야길 했었지요.

我们常常谈起您。

Wǒ mèn cháng cháng tán qǐ nín

워먼 창창 탄치닌

💬 선생님 말씀 많이 들었습니다.

我常听人提起先生您。

Wǒ cháng tīng rén tí qǐ xiān sheng nín

워창 팅런 티치 씨엔성닌

(Unit 4) 서로에 대해 알고 싶을 때

💬 저는 샘 실업에 근무하고 있습니다.

我在清泉实业工作。

Wǒ zài qīng quán shí yè gōng zuò

워짜이 칭췐스예 꿍쭈오

在 ~에게 있다, ~에서

💬 우리 좋은 친구가 되었으면 합니다.

希望我们能够成为好朋友。

Xī wàng wǒ mèn néng gòu chéng wéi hǎo péng yǒu

시왕 워먼 넝꺼우 청웨이 하오펑여우

💬 명함 한 장 주시겠어요?

能给我一张名片吗?

Néng gěi wǒ yī zhāng míng piàn mǎ

넝게이워 이쨩 밍피엔마

💬 이건 제 명함입니다.

这是我的名片。

Zhè shì wǒ de míng piàn

쩌스 워더 밍피엔

💬 만나서 매우 반가웠습니다.

见到您太高兴了。

Jiàn dào nín tài gāo xìng le

지엔따오닌 타이 까오씽러

💬 어디서 오셨습니까?

您从什么地方来？

Nín cóng shén me dì fāng lái

닌 총 션머띠팡 라이

从 ~로부터

💬 고향이 어디십니까?

您老家是哪里？

Nín lǎo jiā shì nǎ lǐ

닌 라오쟈 스 나리

老家 고향

💬 어느 나라 분이십니까?

请问您是哪国人？

Qǐng wèn nín shì nǎ guó rén

칭원 닌스 나궈런

💬 저는 한국 사람입니다.

我是韩国人。

Wǒ shì hán guó rén

워 스 한궈런

💬 앞으로 많은 부탁드립니다.

今后，请多帮助。

Jīn hòu qǐng duō bāng zhù

진허우 칭뚸 방주

Chapter 03 헤어질 때의 인사

일반적으로 再见(zàijiàn)을 많이 사용하지만, 상황에 따라 사용되는 인사표현은 매우 다양합니다. 再见은 말 그대로 「다시 만납시다」라는 의미를 가지고 있습니다. 특히 연인간의 이별을 뜻할 수도 있기 때문에 사용에 주의해야 합니다. 초대를 받은 곳에서의 分手(fēnshǒu) 작별인사는

주인 측에서는 慢走(mànzǒu), 我陪送你吧(wǒ péisòng nǐ ba) 등의 표현이 있고, 손님 측에서는 请留步(qǐng liúbù), 我太感谢你的招待(wǒ tài gǎnxiè nǐ de zhāodài) 등의 표현이 있습니다.

Unit 1 자리를 뜨거나 헤어질 때

💬 먼저 실례하겠습니다.

我先告辞了。
Wǒ xiān gào cí le
워 씨엔 까오츠러

💬 먼저 가보겠습니다.

我先回去了。
Wǒ xiān huí qù le
워 씨엔 훼이취러

💬 저는 이만 실례하겠습니다.

我马上要回去了!
Wǒ mǎ shàng yào huí qù le
워 마샹 야 오훼이취러

😊 이만 일어서겠습니다.
我先失陪了。
Wǒ xiān shī péi le
워 씨엔 스페이러

😊 안녕히 계세요(가세요).
再见!
Zài jiàn
짜이지엔

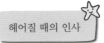
헤어질 때의 인사

😊 내일 봐요.
明天见。
Míng tiān jiàn
밍티엔 지엔

昨天 어제 ← 今天 오늘 → 明天 내일

😊 나중에 봐요.
回头见。
Huí tóu jiàn
후이터우 지엔

😊 나중에 또 만납시다.
咱们后会有期!
Zán men hòu huì yǒu qī
짠먼 허우후이 여우치

😊 나중에 기회가 있으면 다시 만날 수 있기를 바랍니다.
希望以后有机会再见!
Xī wàng yǐ hòu yǒu jī huì zài jiàn
씨왕 이허우 여우지후이 짜이지엔

Unit 2 떠나는 사람에게

💬 조심히 가세요.

请慢走。
Qǐng màn zǒu
칭 만저우

💬 시간이 있으면 자주 오세요.

有空常来。
Yǒu kōng cháng lái
여우콩 창 라이

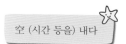
空 (시간 등을) 내다

💬 시간이 있으면 놀러 오세요.

有时间过来玩。
Yǒu shí jiān guò lái wán
여우스지엔 꿔라이완

💬 나중에 다시 만났으면 좋겠어요.

希望还能见面。
Xī wàng hái néng jiàn miàn
씨왕 하이넝 지엔미엔

💬 도착하면 편지 주세요.

到了以后给我来封信。
Dào le yǐ hòu gěi wǒ lái fēng xìn
따오러 이허우 께이워 라이펑씬

💬 성공을 빌겠습니다.

祝你成功。
Zhù nǐ chéng gōng
쭈니 청꽁

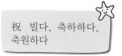
祝 빌다. 축하하다. 축원하다

💬 즐거운 여행이 되세요.

祝你旅游愉快!

Zhù nǐ lǚ yóu yú kuài

쭈니 뤼여우 위콰이

💬 몸조심하세요.

保重身体。

bǎo zhòng shēn tǐ

바오중 션티

Unit 3 전화 · 연락 등을 바랄 때

💬 가끔 전화 주세요.

请常来电话。

Qǐng cháng lái diàn huà

칭 창라이 띠엔화

💬 얘기 즐거웠어요.

跟你谈话真愉快。

Gēn nǐ tán huà zhēn yú kuài

껀니 탄화 쩐 위콰이

> 跟은 개사로 쓰일 때 「~(에)게」의 뜻으로 동작과 관계되는 대상을 이끌어 낸다.

💬 조만 간에 또 놀러 오세요.

请您找机会再来。

Qǐng nín zhǎo jī huì zài lái

칭닌 자오지후이 짜이라이

💬 나중에 저희 집으로 초대하고 싶은데요.

我想请您到我家做客。

Wǒ xiǎng qǐng nín dào wǒ jiā zuò kè

워씨앙 칭닌 따오워쟈 쭤커

💬 종종 연락할게요.

我会常跟您联系。

Wǒ huì cháng gēn nín lián xì

워후이창 껀닌 리엔씨

Unit 4 안부를 전할 때

💬 당신 가족에게 제 안부 전해 주세요.

请给你的家人带个好。

Qǐng gěi nǐ de jiā rén dài ge hǎo

칭 게이 니더 쟈런 따이거 하오

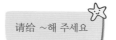

请给 ~해 주세요

💬 아무쪼록 가족들에게 안부 부탁합니다.

拜托您给您的家人带个好。

Bài tuō nín gěi nín de jiā rén dài ge hǎo

바이퉈 닌 게이 닌더 쟈런 따이거 하오

💬 어머님께 안부 전해 주세요.

向你母亲问好。

Xiàng nǐ mǔ qīn wèn hǎo

씨앙 니무친 원하오

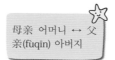

母亲 어머니 ↔ 父亲(fùqīn) 아버지

💬 당신 아내에게 안부 전해 주세요.

请给您夫人带个好。

Qǐng gěi nín fū rén dài ge hǎo

칭 게이 닌푸런 따이거 하오

Chinese Conversation for Beginners

세련된 교제를
위한 표현

중국인과 세련되고 예의바른 교제를 원한다면 이 장에서 소개되는 감사, 사죄, 방문 등의 표현을 잘 익혀두어야 합니다. 식사 초대는 중국인에게 있어서 최고의 호의이 므로 받아들이는 것이 좋으며, 초대에 참석할 때는 주인의 안내를 따르는 것이 예 의입니다. 방문할 때는 반드시 주인에게 감사 표시를 해야 합니다.

Chapter 01 고마움을 나타낼 때

상대의 행위나 배려에 고마움을 표현할 때 谢谢
(xièxie) 하나만 알고 있는 경우가 많습니다. 다양
한 표현법을 익히고 무엇에 대한 감사인지 덧붙
여서 말하는 습관을 들이도록 합시다. 참고로 중
국인은 선물을 주고받는 것을 무척 좋아합니다.
만약 여러분이 중국인을 만날 기회가 있다면 선
물을 준비해두는 것도 빨리 친해지는 한 방법이 될지도 모릅니다.

Unit 1 고마움을 나타낼 때

💬 **감사합니다.**

谢谢!
Xiè xie
씨에시에

💬 **도와주셔서 고맙습니다.**

很感谢你对我的帮助。
Hěn gǎn xiè nǐ duì wǒ de bāng zhù
헌 깐씨에 니 뚜이 워더 빵주

💬 **대단히 감사합니다.**

非常感谢。
Fēi cháng gǎn xiè
페이창 깐씨에

💬 **수고하셨습니다.**

您辛苦了。
Nín xīn kǔ le
닌 씬쿠러

> 남에게 일을 부탁하
> 거나 노고를 위로할
> 때 쓰는 인사말

💬 대단히 감사드립니다.

太谢谢你了。
Tài xiè xie nǐ le
타이 씨에시에 니러

💬 배려에 감사드립니다.

谢谢您的关心。
Xiè xie nín de guān xīn
씨에시에 닌더 꽌씬

💬 호의에 감사드립니다.

谢谢你的好意。
Xiè xie nǐ de hǎo yì
씨에시에 니더 하오이

💬 폐가 많았습니다.

太麻烦你了。
Tài má fan nǐ le
타이 마판니러

> 麻烦 귀찮게(번거롭게) 하다, 성가시게 굴다, 부담을 주다, 폐를 끼치다

💬 어떻게 감사를 드려야 할지 모르겠습니다.

我真不知道怎么感谢您才好。
Wǒ zhēn bù zhī dào zěn me gǎn xiè nín cái hǎo
워 쩐 뿌즈따오 쩐머깐씨에 닌 차이 하오

Unit 2 감사 표시에 대한 응답

💬 별말씀을 다 하십니다.

不用客气。
Bù yòng kè qi
뿌용 커치

> 客气 예의가 바르다, 정중하다

💬 감사할 필요까지야.
不用谢。
Bù yòng xiè
뿌용 씨에

💬 천만의 말씀입니다.
哪里哪里。
Nǎ lǐ nǎ lǐ
나리 나리

💬 그러실 필요까지 없습니다.
你太见外了。
Nǐ tài jiàn wài le
니 타이 지엔와이러

💬 괘념치 마십시오.
请不要张罗。
Qǐng bù yào zhāng luo
칭부야오 장루어

💬 별것 아닙니다.
没什么。
Méi shén me
메이 셔머

💬 감사합니다. 그럼 사양하지 않겠습니다.
谢谢。那，我就不客气了。
Xiè xie nà wǒ jiù bù kè qi le
씨에시에 나 워 지우 부커치러

不客气 1. 무례하다, 버릇없다, 2. 사양하지 마세요 3. 천만에요, 원 별말씀을요

💬 잘 먹었습니다.
谢谢你的款待!
Xiè xie nǐ de kuǎn dài
씨에시에 니더 콴따이

Chapter 02 사죄·사과를 할 때

서로 다른 사고방식을 가진 사람들 사이에서
의 대화에서 오해나 충돌이 생길 때가 많습니
다. 실수를 하거나 잘못을 구할 때 일반적으로
가장 많이 쓰이는 표현으로는 对不起(duìbùqǐ)
가 있습니다. 그밖에 抱歉(bàoqiàn)/过意不去
(guòyibùqù)/不好意思(bùhǎoyìsi) 등의 사죄 표현
도 잘 익혀두도록 합시다.

Unit 1 사과 · 사죄할 때

💬 **미안합니다.**

对不起。
Duì bù qǐ
뚜이부치

💬 **정말로 죄송합니다.**

实在对不起。
Shí zài duì bù qǐ
스짜이 뚜이부치

💬 **죄송합니다.**

很抱歉。
Hěn bào qiàn
헌 빠오치엔

💬 **폐를 끼쳐 드렸습니다.**

给您添麻烦了。
Gěi nín tiān má fán le
게이닌 티엔 마판러

💬 늦게 와서 죄송합니다.

对不起，我来晚了。

Duì bù qǐ wǒ lái wǎn le

뚜이부치 워 라이 완러

💬 용서해주십시오.

请您原谅!

Qǐng nín yuán liàng

칭닌 위엔량

💬 부디 양해해 주십시오.

请原谅。

Qǐng yuán liàng

칭 위엔량

💬 제가 잘못했습니다.

是我不对。

Shì wǒ bù duì

스워 부뚜이

💬 오래 기다리게 해서 죄송합니다.

对不起，让您久等了。

Duì bù qǐ ràng nín jiǔ děng le

뚜이부치 랑닌 지우떵러

☆
对不起는 사죄할 때 쓰이
는 말로 우리말의 「미안합
니다」에 해당한다.

💬 폐가 많았습니다.

让您费心了。

Ràng nín fèi xīn le

랑닌 페이씬러

Unit 2 실례할 때

💬 실례합니다.

借光借光。

Jiè guāng jiè guāng

지에꾸왕 지에꾸왕

위의 표현은 길을 비켜달라고 할 때 쓰이는 말이다.

💬 미안합니다. 말씀 중에 실례합니다.

对不起，我说一句。

Duì bù qǐ wǒ shuō yī jù

뚜이부치 워숴 이쥐

Unit 3 사과·사죄에 대한 응답

💬 괜찮습니다.

没关系。

Méi guān xi

메이 꽌씨

没关系 1. 관계가 없다
2. 괜찮다, 문제없다, 염려 없다

💬 마음에 두지 마십시오.

你不必担心。

Nǐ bù bì dān xīn

니 부비 딴씬

💬 천만에요.

不用谢。

Bù yòng xiè

뿌용 씨에

💬 사양하지 마세요.

你不要客气。

Nǐ bù yào kè qi

니 뿌야오 커치

客气 예의가 바르다, 정중하다

💬 개의치 마세요.

您别介意。

Nín bié jiè yì

니 비에 지에이

💬 사과하실 필요가 없습니다.

你不用陪礼。

Nǐ bù yòng péi lǐ

니 부용 페이리

陪礼 사과하다, 유감을 표하다

💬 피차일반입니다.

彼此，彼此。

Bǐ cǐ bǐ cǐ

비츠 비츠

Chapter 03 축하를 할 때

축하할 일에 문장 앞에 祝(zhù)를 자주 붙여 사용하며, 이 祝은 「축하(祝贺zhùhè)한다」는 의미와 「~하기를 기원한다(祝愿 zhùyuàn)」라는 의미를 나타냅니다. 또한 恭喜(gōngxǐ)라는 표현도 많이 사용하는데, 이 표현은 중첩하여 恭喜恭喜 (gōngxǐgōngxǐ)로 더 많이 사용합니다. 새해나 명절에 쓰이는 표현은 관용화되어 있으므로 잘 익혀둡시다.

Unit 1 축하할 때

💬 **축하합니다.**

祝贺你。

Zhù hè nǐ

쭈허 니

💬 **축하드립니다.**

恭喜恭喜。

Gōng xǐ gōng xǐ

꽁씨 꽁씨

恭喜 축하하다

💬 **생일 축하합니다.**

祝你生日快乐。

Zhù nǐ shēng rì kuài lè

쭈니 셩르 콰이러

💬 **취직을 축하드립니다.**

祝贺你参加工作!

Zhù hè nǐ cān jiā gōng zuò

쭈허 니 찬쟈 꽁쮀

💬 승진을 축하합니다.
恭喜你升职!
Gōng xǐ nǐ shēng zhí
꽁씨 니 셩즈

💬 대학 합격을 축하합니다.
祝贺你考上大学。
Zhù hè nǐ kǎo shàng dà xué
쭈허 니 카오샹 따쉬에

💬 졸업을 축하합니다.
祝贺你毕业!
Zhù hè nǐ bì yè
쭈허 니 삐예

毕业 졸업 ↔ 入学(rùxué) 입학

💬 임신을 축하합니다.
祝贺你怀孕。
Zhù hè nǐ huái yùn
쭈허 니 화이윈

> Unit 2   행운을 빌 때

💬 행운이 있기를 바랍니다.
祝你好运。
Zhù nǐ hǎo yùn
쭈니 하오윈

💬 건강하시기를 빌겠습니다.
祝你身体健康。
Zhù nǐ shēn tǐ jiàn kāng
쭈니 션티 지엔캉

💬 잘 다녀오시기 바랍니다.

祝你一路顺风。

Zhù nǐ yī lù shùn fēng

쭈니 이루 쉰펑

먼 길을 떠나는
사람에 하는 인사

💬 성공을 빌겠습니다.

祝你成功。

Zhù nǐ chéng gōng

쭈니 청꽁

成功 성공 ↔ 失
败(shībài) 실패

💬 좋은 성적을 거두기를 바랍니다.

祝你取得好成绩。

Zhù nǐ qǔ dé hǎo chéng jì

쭈니 취더 하오 청지

💬 모든 일이 순조롭기를 바랍니다.

祝你一切顺利!

Zhù nǐ yí qiè shùn lì

쭈니 이치에 쉰리

Unit 3 새해 인사를 할 때

💬 새해 복많이 받으십시오.

新年快乐。

Xīn nián kuài lè

씬니엔 콰이러

💬 새해는 모든 일이 잘 되기를 바랍니다.

祝你在新的一年里马到成功!

Zhù nǐ zài xīn de yì nián lǐ mǎ dào chéng gōng

주니 짜이 씬더 이니엔리 마따오 청꽁

Chapter 04 초대를 할 때

일단 알게 된 사람이나 친구와 한층 더 친해지기 위해서는 자신의 집이나 파티에 초대해서 대화를 나누는 것은 서로의 거리낌없는 친분을 쌓는 데 매우 중요한 의미를 갖습니다. 중국사람들은 우리나라와 마찬가지로 기쁜 일이 있을 때 많은 사람들이 모여 축하를 해줍니다. 식사를 대접할 때에는 음식을 부족하지 않게 준비합시다. 우리가 흔히 쓰는 「한 턱 내다, 식사를 대접하다」라는 표현은 중국어로 请客(qǐngkè)라고 합니다.

Unit 1 초대할 때

💬 함께 저녁식사를 합시다.

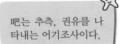

吧는 추측, 권유를 나타내는 어기조사이다.

一起吃晚饭吧。

Yī qǐ chī wǎn fàn bā

이치 츠 완판바

💬 내일 저희 집에 놀러 오십시오.

明天请到我家来玩儿吧。

Míng tiān qǐng dào wǒ jiā lái wánér bā

밍티엔 칭따오 워쟈 라이 왈바

💬 저희 집에 놀러 오세요.

请您来我家作客。

Qǐng nín lái wǒ jiā zuò kè

칭닌 라이 워쟈 쭤커

💬 점심을 대접하고 싶습니다.

我想请你吃午饭。

Wǒ xiǎng qǐng nǐ chī wǔ fàn

워씨앙 칭니 츠 우판

💬 오늘 오후에 시간이 있습니까?

今天下午有空吗?

jīn tiān xià wǔ yǒu kōng mà

진티엔 씨아우 여우 콩마

💬 술을 대접하고 싶습니다.

我想请你喝酒。

Wǒ xiǎng qǐng nǐ hē jiǔ

워씨앙 칭니 허지우

💬 오늘은 제가 한턱 내겠습니다.

今天我请客。

Jīn tiān wǒ qǐng kè

찐티엔 워 칭커

请客 한턱내다, 손님
을 초대하다

💬 6시에 마중을 나가겠습니다.

六点钟我去接你。

Liù diǎn zhōng wǒ qù jiē nǐ

리우디엔중 워취 지에니

💬 나중에 저희 집으로 초대하고 싶은데요.

我想请您到我家做客。

Wǒ xiǎng qǐng nín dào wǒ jiā zuò kè

워씨앙 칭닌 따오워쟈 쭤커

💬 제 초청을 받아주시겠습니까?

肯接受我的邀请吗?

Kěn jiē shòu wǒ de yāo qǐng mà

컨지에소우 워더 야오칭마

💬 좋습니다. 가겠습니다.

好，我愿意去。

Hǎo wǒ yuàn yì qù

하오 워 위엔이 취

💬 네, 기꺼이 가겠습니다.

是，我乐意去。

Shì wǒ lè yì qù

스 워 러이 취

💬 기꺼이 방문하겠습니다.

我乐意拜访您。

Wǒ lè yì bài fǎng nín

워 러이 빠이팡 닌

💬 꼭 갈게.

我肯定去。

Wǒ kěn dìng qù

워 컨딩 취

💬 죄송합니다만, 다른 약속이 있습니다.

抱歉，我有别的约会。

Bào qiàn wǒ yǒu bié de yuē huì

빠오치엔 워 여우 비에더 위에후이

💬 그날 저는 스케줄이 있습니다.

那天我有个安排。

Nà tiān wǒ yǒu ge ān pái

나티엔 워 여우거 안파이

💬 감사하지만, 됐습니다.

谢谢，我看免了吧。

Xiè xie wǒ kàn miǎn le bā

씨에시에 워 칸미엔러바

💬 몸이 안 좋습니다.

我不舒服。

Wǒ bù shū fú

워 뿌수푸

舒服 편안하다(부정을
나타내는 不는 동사나
형용사 앞에 쓴다.

💬 오늘은 너무 바쁩니다.

今天我太忙了。

Jīn tiān wǒ tài máng le

찐티엔 워 타이망러

太 지나치게, 몹시, 너무
(정도가 일정한 한도를
지나친 것을 나타내다.)

Chapter
05 방문을 할 때

초대한 사람은 방문자를 친절히 안내하며, 초대 받은 사람은 감사의 의미를 표현합니다. 이 때 请(qǐng)이란 말을 자주 사용합니다. 문장 속의 请은 경어(敬语)로 높임의 의미를 나타내고, 또한 请은 뒤에 표현을 생략하여 단독으로 쓰여도 상황에 맞게 우리말의「드십시오, 이쪽으로 오세요, 앉으세요」라는 의미를 나타낼 수 있습니다.

Unit 1 방문지에서

💬 초대해 주셔서 감사합니다.
谢谢您的招待。
Xiè xie nín de zhāo dài
씨에시에 닌더자오따이

💬 와 주셔서 감사합니다.
欢迎光临。
Huan yíng guāng lín
환잉 꾸왕린

💬 어서 들어오십시오.
快请进吧。
Kuài qǐng jìn ba
콰이 칭진바

💬 이쪽으로 오시죠.
往这边来。
Wǎng zhè biān lái
왕 저비엔 라이

> 往은「~를 향하여, ~쪽으로」라는 의미로 방향을 나타낸다.

💬 초대해주셔서 고맙습니다.
谢谢你的招待。
Xiè xie nǐ de zhāo dài
씨에시에 니더 자오따이

💬 초대를 해주셔서 영광입니다.
很荣幸能够接受你的邀请。
Hěn róng xìng néng gòu jiē shòu nǐ de yāo qǐng
헌룽씽 넝꺼우 지에쑈우 니더 야오칭

💬 와주셔 감사합니다.
谢谢你的光临。
Xiè xiè nǐ de guāng lín
씨에시에 니더 꽌린

💬 편히 하세요.
随便一点。
Suí biàn yī diǎn
쑤이비엔 이디엔

随意는 직역을 하면 「마음대로 하다. 하고 싶은 대로 하다」라는 의미가 되지만 「편하게 하세요」라고 해석을 하는 것이 적절하겠다.

💬 아무데나 편하게 앉으세요.
请随便坐。
Qǐng suí biàn zuò
칭 쑤이비엔 쮀

💬 사양치 마시고 편하게 제집처럼 여기세요.
别客气，你就当是自己的家。
Bié kè qi nǐ jiù dāng shì zì jǐ de jiā
비에커치 니 지우 땅스 쯔지더 쟈

Unit 2 대접을 할 때

💬 차 드세요.

请喝茶。

Qǐng hē chá

칭 흐어차

💬 뭘 드시겠어요?

您要喝点儿什么?

Nín yào hē diǎnér shén mė

닌 야오 허디알 션머

💬 커피 한 잔 끓여드릴게요.

我给您煮杯咖啡吧。

Wǒ gěi nín zhǔ bēi kā fēi ba

워 게이 닌 주 뻬이 카페이바

💬 녹차 한 잔 하시겠어요?

要不要来一杯绿茶?

Yào bù yào lái yì bēi lǜ chá

야오부야오 라이 이뻬이 뤼차

要不要 정반의문문

💬 음료수 한 잔 가져올까요?

来一杯饮料怎么样?

Lái yì bēi yǐn liào zěn mė yàng

라이 이뻬이 인랴오 쩐머양

怎么样 어떻게 (성질, 상황, 방식 따위를 물음)

💬 마음껏 드세요.

多吃一点儿啊。

Duō chī yī diǎnér ā

뚸츠 이디알아

Unit 3 방문을 마칠 때

💬 집에 가야겠습니다.
我该回家了。
Wǒ gāi huí jiā le
워 까이 후이쟈러

💬 시간을 너무 빼앗고 싶지 않습니다.
我不想占用你太多时间。
Wǒ bù xiǎng zhàn yòng nǐ tài duō shí jiān
워 뿌씨앙 잔용 니 타이 뚸스지엔

💬 융숭한 대접에 감사 드립니다.
谢谢你的盛情款待。
Xiè xie nǐ de shèng qíng kuǎn dài
씨에시에 니더 성칭 콴따이

💬 늦었는데 이만 가봐야겠습니다.
时间不早了，我得告辞了。
Shí jiān bù zǎo le wǒ děi gào cí le
스지엔 뿌짜오러 워 떼이 까오츠러

> 得는 구조조사일 경우에는 「de(더)」로 읽으며, 「~해야 한다」의 뜻으로 쓰일 경우에는 「děi(떼이)」로 읽는다.

Unit 4 방문을 마치고 떠나는 사람에게

💬 지금 가신다는 말씀이세요?
你这就要走？
Nǐ zhè jiù yào zǒu
니 쩌지우 야오저우

💬 좀더 계시다 가세요.
再多坐一会儿吧!
Zài duō zuò yīhuìer ba
짜이 뚸 이후일바

💬 그럼, 더 이상 붙들지 않겠습니다.

那我就不在挽留你了。

Nà wǒ jiù bù zài wǎn liú nǐ le

나 워 지우 부짜이 완리우 니러

💬 제가 차로 모셔다 드리겠습니다.

我用车送你吧。

Wǒ yòng chē sòng nǐ ba

워 용처 쑹니바

💬 아직 이른데 저녁식사를 하고 가세요.

时间还早呢，吃晚饭再走吧。

Shí jiān hái zǎo ne chī wǎn fàn zài zǒu ba

스지엔 하이 자오너 츠 완판 짜이 저우바

💬 살펴 가세요. 시간이 있으면 또 놀러 오세요.

您走好，有时间再来玩儿啊。

Nín zǒu hǎo yǒu shí jiān zài lái wánér a

닌 저우하오 여우 스지엔 짜이 라이왈아

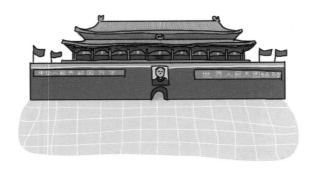

Chapter 06 약속을 할 때

약속을 할 때는 우선 상대의 사정을 묻는 것이 에티켓입니다. 이 때 쓰는 말로는 您看有时间吗 (nín kànyǒu shíjiān mǎ 시간 있으세요)가 있습니다. 또한 중국에서도 시간약속은 지키는 것이 중요합니다. 미리 장소와 시간을 알아두어 상대방을 기다리게 하는 불상사는 없도록 합시다. 예

를 들어「북경역 앞에서 보기로 합시다」라고 했다면 서로 간에 엇갈리는 경우 생길 것입니다. 넓은 장소에서 만날 때는 정확한 위치를 정해놓고 만나도록 합시다.

Unit 1 만남을 제의할 때

💬 시간이 있으세요?

您看有时间吗?

Nín kàn yǒu shí jiān mǎ
닌칸 여우 스지엔마

💬 만나고 싶은데요.

我想与您见面。

Wǒ xiǎng yǔ nín jiàn miàn
워씨앙 위닌 지엔미엔

💬 이쪽으로 와주실 수 없으세요?

您能不能到我这里来?

Nín néng bù néng dào wǒ zhè lǐ lái
닌 넝부넝 따오 워쩌리 라이

💬 언제 한번 만나요.

找时间见个面吧。

Zhǎo shí jiān jiàn ge miàn ba

자오 스지엔 지엔거 미엔바

找时间은「시간을 찾다」라고
해석하면 안 되며「시간 내
서」라고 해석을 해야 맞다.

💬 잠깐 만날 수 있을까요?

我能见见你吗?

Wǒ néng jiàn jiàn nǐ mà

워넝 지엔지엔 니마

💬 내일 한번 만날까요?

明天咱们见个面?

Míng tiān zán mèn jiàn ge miàn

밍티엔 잔먼 지엔거 미엔

💬 이번 주말에 시간 있으세요?

这个周末你有时间吗?

Zhè ge zhōu mò nǐ yǒu shí jiān mà

쩌거 저우모 니 여우 스지엔마

💬 내일 약속 있으세요?

明天有没有约会?

Míng tiān yǒu méi yǒu yuē huì

밍티엔 여우메이여우 위에후이

(Unit 2) 약속 제의에 응답할 때

💬 왜 만나려는 거예요?

干嘛要见?

Gàn má yào jiàn

깐마 야오지엔

공손한 표현은 아니므로, 친한
사이이거나 안면이 있는 손아
랫사람에게만 사용해야 한다.

💬 무슨 일로 절 만나자는 거죠?

你为什么要见我？

Nǐ wèi shén me yào jiàn wǒ

니 웨이션머 야오 지엔워

为什么 무엇 때문에, 왜, 어째
서 (원인 혹은 목적을 물음)

💬 좋아요, 시간 괜찮아요.

好，我有时间。

Hǎo wǒ yǒu shí jiān

하오 워 여우 쓰지엔

💬 이번 주말엔 별다른 계획이 없어요.

这个周末没有别的约会。

Zhè ge zhōu mò méi yǒu bié de yuē huì

쩌거 저우모 메이여우 비에더 위에후이

💬 미안해요, 제가 오늘 좀 바빠서요.

对不起，今天我有点忙。

Duì bù qǐ jīn tiān wǒ yǒu diǎn máng

뚜이부치 찐티엔 워 여우디엔 망

💬 시간이 없는데요.

没有时间啊。

Méi yǒu shí jiān a

메이여우 스지엔아

💬 선약이 있어서요.

我已经有约会。

Wǒ yǐ jīng yǒu yuē huì

워 이징 여우 위에후이

💬 다음으로 미루는 게 좋겠어요.

推迟下次好了。

Tuī chí xià cì hǎo le

투이츠 씨아츠 하오러

💬 이번 주말엔 다른 계획이 있어요.

这个周末我另有计划。

Zhè ge zhōu mò wǒ lìng yǒu jì huá

쩌거 저우모 워 링여우 지후아

> 另은 另外와 같은 의미로「그 밖의, 다른」의 의미로 사용된다.

(Unit 3) 약속 날짜와 시간을 정할 때

💬 언제 방문하면 좋겠습니까?

什么时候拜访您好呢?

Shén me shí hòu bài fǎng nín hǎo ne

션머스허우 빠이팡 닌 하오너

💬 몇 시로 했으면 좋겠어요?

你说定几点好?

Nǐ shuō dìng jǐ diǎn hǎo

니 쉬 딩 지디엔 하오

💬 몇 시가 편하십니까?

几点钟方便?

Jǐ diǎn zhōng fāng biàn

지디엔중 팡비엔

> 点钟 시, 시간

💬 언제 시간이 나십니까?

您什么时候有空?

Nín shén me shí hòu yǒu kòng

닌 션머스허우 여우콩

💬 오전 9시는 어떻습니까?

上午九点怎么样?

Shàng wǔ jiǔ diǎn zěn me yàng

샹우 지우디엔 쩐머양

100

💬 어느 정도 시간을 내주실 수 있습니까?

能抽出多长时间?

Néng chōu chū duō cháng shí jiān

넝 처우추 뚸창 스지엔

Unit 4 약속 장소를 정할 때

💬 어디서 뵐까요?

我们在什么地方见面?

Wǒ mèn zài shén mè dì fāng jiàn miàn

워먼 짜이 션머띠팡 지엔미엔

💬 장소는 어디가 좋을까요?

在哪儿见面好呢?

Zài nǎr jiàn miàn hǎo ne

짜이날 지엔미엔 하오너

💬 이곳으로 올 수 있습니까?

你能到这里来吗?

Nǐ néng dào zhè lǐ lái mà

니넝 따오쩌리 라이마

> 能 ~될 수 있다, ~할 수 있다, ~일 수 있다 (가능)

💬 그곳이 좋을 것 같습니다.

我看那个地方好。

Wǒ kàn nà ge dì fāng hǎo

워칸 나꺼띠팡 하오

💬 어디서 만나야 하지?

在哪儿见面呢?

Zài nǎr jiàn miàn ne

짜이날 지엔미엔너

💬 네가 장소를 결정해.

你决定地点吧。

Nǐ jué dìng dì diǎn ba

니 줴딩 디디엔바

(**Unit 5**) 약속을 연기하거나 취소할 때

💬 날짜를 변경해 주시겠습니까?

请改一下日子，好吗?

Qǐng gǎi yī xià rì zǐ hǎo mà

칭 까이 이씨아 르쯔 하오마

💬 미안하지만, 오늘 갈 수 없게 되었습니다.

很抱歉，今天我去不了了。

Hěn bào qiàn jīn tiān wǒ qù bù liǎo le

헌 빠오치엔 찐티엔 워취뿌랴오러

> ~不了 ~할 수 있다
> 예) 去不了 갈 수 없다, 吃不
> 了 먹을 수 없다, 买不了 살
> 수 없다 受不了 견딜 수 없다

💬 문제가 좀 생겨서 방문을 할 수 없습니다.

出了些问题，我不能拜访您了。

Chū le xiē wèn tí tí wǒ bù néng bài fǎng nín le

추러 씨에 원티 워 뿌넝 빠이팡 닌러

Chinese Conversation for Beginners

유창한 대화를
위한 표현

여기서는 중국어로 대화할 때 필요한 기본적인 표현을 익히도록 하였습니다. 참고로 중국인과 대면 중에 특히 조심해야 할 점은 절대로 중국인의 자존심을 상하게 하거나 약점을 들추어 중국인의 목숨만큼이나 중시하는 체면(面子:미옌즈)을 상하게 해서는 안 됩니다. 중국인의 체면 중시 사고는 과거 중화사상에 젖어 있던 향수와 함께 사회주의 혁명에 의한 평균주의 사고 방식에 의해 심화되었습니다.

Chapter 01 질문을 할 때

실생활에서 낯선 곳에 가거나, 의문점이 생기면 사용되는 표현으로, 묻는 주제에 따라서 표현법이 다릅니다. 이유를 물을 때는 「为什么(wéishénme)」, 방법을 물을 때는 「怎么(zěnme)」, 정도를 물을 때는 「多么(duōme)」, 때를 물을 때는 「什么时候(shénmeshíhòu)」, 방향·장소를 물을 때는 「哪儿(nǎr)」 등을 쓰며, 우리말에 육하원칙이 이에 해당합니다.

Unit 1 질문을 할 때

💬 **말 좀 물읍시다.**

请问一下。
Qǐng wèn yí xià
칭원 이씨아

💬 **질문 하나 있습니다.**

我有一个问题。
Wǒ yǒu yī ge wèn tí
워 여유 이거원티

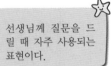

선생님께 질문을 드릴 때 자주 사용되는 표현이다.

💬 **사적인 질문을 하나 해도 되겠습니까?**

可以问一个私人问题吗?
Kě yǐ wèn yī ge sī rén wèn tí ma
커이 원 이거 쓰런 원티마

💬 **구체적인 질문 몇 가지를 드리겠습니다.**

下面我问几个具体问题。
Xià miàn wǒ wèn jǐ ge jù tǐ wèn tí
씨아미엔 워 원 지거 쥐티원티

💬 당신에게 질문할 것이 많이 있습니다.

我有许多问题问您请教。

Wǒ yǒu xǔ duō wèn tí wèn nín qǐng jiào

워 여유 쉬 뚸 원티 원닌 칭쟈오

💬 그건 무엇으로 만드셨어요?

那是用什么做的?

Nà shì yòng shén me zuò de

나스 용션머 쮀더

💬 이것은 중국어로 뭐라고 하죠?

请问这个中文怎么说?

Qǐng wèn zhè ge zhōng wén zěn me shuō

칭원 쩌거 중원 쩐머쒀

「어떻게」는 怎么이고,
「무엇」은 什么이다.

💬 이 단어를 어떻게 발음하죠?

请问这个词怎么发音?

Qǐng wèn zhè ge cí zěn me fā yīn

칭원 쩌거츠 쩐머 파인

💬 누구한테 물어봐야 되죠?

不知应该问哪位?

Bù zhī yīng gaī wèn nǎ wèi

뿌즈 잉까이 원 나웨이

哪位는 谁와 같은 의미이
고 바꾸어 사용할 수 있다.

💬 그건 어디에 쓰는 거죠?

那是用在什么地方的?

Nà shì yòng zài shén me dì fāng de

나스 용짜이 션머띠팡더

什么地方 어디, 어느 곳

💬 질문을 잘 들으세요.

请听好我的提问。

Qǐng tīng hǎo wǒ de tí wèn

칭 팅하오 워더티원

💬 모르시겠어요?

你不知道吗?

Nǐ bù zhī dào må

니 뿌즈따오마

💬 답을 말해 보세요.

请说出答案。

Qǐng shuō chū dá àn

칭 쒀추 따안

💬 내 질문에 답을 하세요.

请您回答我的问题。

Qǐng nín huí dá wǒ de wèn tí

칭닌 후이다 워더 원티

💬 도대체 이유가 뭡니까?

到底为什么呢?

Dào dǐ wèi shén mě ne

따오디 웨이션머너

呢는 의문사로도 사용이 되지만 감탄문에서도 사용되기도 한다. 즉, 呢가 붙었다고 무조건 의문문은 아니다.

💬 이유를 물어봐도 될까요?

可以问理由吗?

Kě yǐ wèn lǐ yóu må

커이원 리여우마

💬 왜 그런 겁니까?

为什么那样做呢?

Wèi shén mě nà yàng zuò ne

웨이썬머 나양 쮀너

Unit 2 질문에 응대할 때

💬 말씀하세요. 무슨 문제인가요?

您说吧，什么问题?

Nín shuō bā shén mè wèn tí

닌쉬바 썬머원티

💬 더 이상 묻지 마세요.

请不要再问了。

Qǐng bù yào zài wèn le

칭 부야오 짜이원러

💬 답변하고 싶지 않습니다.

我不想回答。

Wǒ bù xiǎng huí dá

워 뿌씨앙 훼이다

> 想 ~하고 싶다 不想 ~
> 하고 싶지 않다

💬 말하지 않겠소.

我不回答。

Wǒ bù huí dá

워 뿌훼이다

💬 제가 그 문제를 어떻게 알겠어요?

我上哪儿知道这个问题?

Wǒ shàng nǎr zhī dào zhè ge wèn tí

워 샹날 즈따오 쩌거원티

💬 뭐라고 대답해야 좋을지 모르겠습니다.

不知道该怎么回答。

Bù zhī dào gāi zěn mè huí dá

뿌즈따오 까이 쩐머 훼이다

💬 좋은 질문입니다.

这个问题提得好。

Zhè ge wèn tí tí dé hǎo

쩌거원티 티더 하오

这个问题很好。라고 말을
해도 되겠지만, 이 문장에서
는 정도보어를 사용하여 문
장을 만들었다.

💬 저는 모르겠습니다.

这我不知道。

Zhè wǒ bù zhī dào

쩌 워 뿌즈따오

💬 모르기는 저도 마찬가지입니다.

我同样不知道。

Wǒ tóng yàng bù zhī dào

워 통양 뿌즈따오

💬 제가 어떻게 알겠어요?

我上哪儿知道这个问题?

Wǒ shàng nǎr zhī dào zhè ge wèn tí

워 샹날 즈따오 쩌거원티

💬 여기까지 다른 질문은 없습니까?

到此为止, 没有别的问题吗?

Dào cǐ wéi zhǐ méi yǒu bié de wèn tí mà

따오츠웨이즈 메여우 삐에더 원티마

Chapter 02 응답을 할 때

전적으로 동의를 할 때는 完全(wánquán), 很 (hěn), 真(zhēn) 등을 사용하면 동의하는 것을 강조할 수 있습니다. 부정과 반대를 나타낼 때에는 不(bù), 没(méi), 没有(méiyǒu)라는 부정어구가 들어가게 되는데, 不는 의지를 나타내며, 앞으로 일어날 일에 대한 부정을 할 때 사용됩니다. 没는 과거의 일에 대한 부정과 소유에 대한 부정을 나타냅니다.

Unit 1 긍정 · 부정할 때

💬 예

是。/ 对。
Shì　　Duì
스 / 뚜이

💬 그렇습니다.

是的。/ 是啊
Shì de　　Shì ā
스더 / 스아

💬 당연합니다.

当然了。
Dāng rán le
땅란러

💬 정말 그렇습니다.

真是这样。
Zhēn shì zhè yàng
쩐스 쩌양

109

💬 정말입니다.

真的。
Zhēn de
쩐더

💬 아니오.

不。/ 不是。
Bù   Bù shì
뿌 / 부스

💬 아니오, 그렇지 않습니다.

不, 不是。
Bù bù shì
뿌 부스

> 不는 원래 4성이지만 4성 앞에서
> 는 2성으로 변한다. 4성으로 읽을
> 때는 강하게 「뿌」로 읽고. 2성으로
> 읽을 때는 약하게 「부」로 읽는다.

(Unit 2) 의견이 마음에 들 때

💬 좋습니다.

好。
Hǎo
하오

💬 좋고 말고요.

可以, 可以。
Kě yǐ kě yǐ
커이 커이

💬 저도 그래요.

我也是。
Wǒ yě shì
워예 스

💬 네, 맞아요.

对，不错。

Duì bù cuò

뚜이 부춰

💬 그거 좋아요.

那好。

Nà hǎo

나하오

💬 매우 좋아요.

好极了。

Hǎo jí le

하오지러

💬 그래도 돼요.

也行。

Yě xíng

예씽

💬 역시 좋아요.

也可以。

Yě kě yǐ

예 커이

💬 옳아요.

没意见。

Méi yì jiàn

메이 이지엔

💬 좋은 생각이야!

好主意!

Hǎo zhǔ yì

하오 주이

主意 (일정한) 생각, 의견

Unit 3 동의 · 찬성할 때

💬 **다른 의견은 없습니다.**

我没别的意见。
Wǒ méi bié de yì jiàn
워 메이 삐에더 이지엔

별的 다른 것, 딴 것

💬 **동의합니다.**

我同意。
Wǒ tóng yì
워 퉁이

💬 **당신의 의견에 동의합니다.**

我同意你的意见。
Wǒ tóng yì nǐ de yì jiàn
워 퉁이 니더 이지엔

💬 **전적으로 동의합니다.**

我完全同意。
Wǒ wán quán tóng yì
워 완췐 퉁이

完全 완전히, 전혀,
전적으로, 참으로, 절
대로, 아주, 전부

💬 **그 의견에 찬성합니다.**

我赞成那意见。
Wǒ zàn chéng nà yì jiàn
워 짠청 나이지엔

💬 **이 의견은 좋은 것 같습니다.**

这意见好像不错。
Zhè yì jiàn hǎo xiàng bù cuò
쩌이지엔 하오씨앙 부춰

💬 당신 좋을 대로 하세요.

怎么方便怎么来吧。

Zěn me fāng biàn zěn me lái ba

쩐머 팡삐엔 쩐머 라이바

想 ~就做~ 등 이런 식의 문장은 「~하고 싶으면 ~해라」즉 「마음대로 해라」라는 의미이다. 怎么~怎么~ 「~하다면 ~하다」

Unit 4 반대할 때

💬 이 의견에 반대하지 않습니다.

对这意见不反对。

Duì zhè yì jiàn bù fǎn duì

뚜이 쩌이지엔 뿌판뚜이

💬 저는 잘 이해하지 못하겠습니다.

我不大明白。

Wǒ bù dà míng bái

워 부따 밍바이

💬 의견이 있습니다.

我有看法。

Wǒ yǒu kàn fǎ

워 여우 칸파

💬 저는 찬성하지 않습니다.

我不赞成。

Wǒ bù zàn chéng

워 부짠청

💬 반대합니다.

反对。

Fǎn duì

판뚜이

💬 저는 동의할 수 없습니다.

我不能同意。

Wǒ bù néng tóng yì

워 부넝 통이

💬 당신에게 동의할 수 없습니다.

我不能同意你。

Wǒ bù néng tóng yì nǐ

워 뿌넝 통이 니

💬 이 의견에 반대합니다.

我反对这意见。

Wǒ fǎn duì zhè yì jiàn

워 판뚜이 쩌 이지엔

💬 당신의 의견을 지지할 수 없습니다.

我不能支持你的意见。

Wǒ bù néng zhī chí nǐ de yì jiàn

워 뿌넝 즈츠 니더 이지엔

💬 제 의견은 당신과 다릅니다.

我跟你的看法不一样。

Wǒ gēn nǐ de kàn fǎ bù yī yàng

워 껀니더 칸파 뿌이양

Chapter 03 맞장구를 칠 때

대화의 흐름을 원활하게 하기 위한 표현으로
「그래 맞아, 그렇구나」의 표현으로는 你手的对
(nǐshǒudéduì), 就是(jiùshi), 原来如此(yuánláirúcǐ)'
등을 들 수 있습니다. 맞장구는 상대방의 말에
동의의 표현이 많지만, 되물을 때의 표현 是吗
(shìmà)?, 真的(zhēndè)?이지만 긍정도 부정도
아닌 표현인 嗯(ńg)이 쓰일 때도 있습니다.

> Unit 1 맞장구를 칠 때

💬 **옳아요. / 그래요.**

是的。
Shì de
스더

💬 **맞아요.**

对。
Duì
뚜이

💬 **맞습니다, 그렇습니다.**

对了, 对了。
Duì le duì le
뚜이러 뚜이러

💬 **됐습니다.**

好了。
Hǎo le
하오러

115

💬 좋아요.

好的。

Hǎo de

하오더

💬 좋아요. / 괜찮아요.

可以。

Kě yǐ

커이

💬 그렇고 말고요. / 물론이죠.

可不是吗。

Kě bù shì ma

커부스마

💬 좋아요. / 괜찮아요.

行。

Xíng

씽

💬 알겠어요.

知道了。

Zhī dào le

즈다오러

💬 당연합니다.

当然。

Dāng rán

땅란

💬 그거 괜찮은데요.

那不错吗。

Nà bù cuò ma

나 부춰마

错는 「틀리다, 나쁘다」라는 의미이지만 不错는 「틀리지 않다, 나쁘지 않다」는 의미가 아니라 「좋다」라고 해석한다.

💬 예, 그렇습니다.

是啊。

Shì a

스아

💬 정말이세요?

真的吗？

Zhēn de ma

쩐더마

真 정말(로), 참으로,
실로, 진실로

💬 정말 좋습니다.

真好。

Zhēn hǎo

쩐하오

💬 그렇습니까?

是吗？

Shì ma

스마

💬 그럴지도 모르지요.

也许会那样的吧。

Yě xǔ huì nà yàng de ba

예쉬 후이 나양더바

💬 아, 그러니까 생각이 나는군요.

啊，你这么说才想起来。

Ā nǐ zhè me shuō cái xiǎng qǐ lái

아 니 쩌머쉬 차이 씨앙치라이

才는 「비로소」라는 의
미로 뒤늦게 무슨 일이
발생함을 나타낸다.

💬 아마 당신 말이 맞을 거예요.

也许你说得不错。

Yě xǔ nǐ shuō dé bù cuò

예쉬 니쉬더 뿌춰

也许는 好象，可能 등
으로 바꿔 사용할 수 있
으며 추측을 표현한다.

(Unit 2) 부정의 맞장구

💬 설마!

至于吗!

Zhì yú ma

즈위마

💬 안돼요.

不行。

Bù xíng

뿌씽

💬 할 줄 몰라요.

不会。

Bù huì

부후이

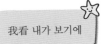

会 배워서 할 줄 안다

💬 틀린 것 같아요.

我看不对。

Wǒ kàn bù duì

워칸 부뚜이

我看 내가 보기에

💬 그렇지 않은 것 같아요.

我觉得不对。

Wǒ jué dé bù duì

워 쥐에더 부뚜이

💬 그렇지 않을 거예요.

恐怕不是那样。

Kǒng pà bù shì nà yàng

콩파 부스 나양

💬 할 수 없어요.
不能。
Bù néng
뿌넝

💬 안 됩니다.
不可以。
Bù kě yǐ
뿌커이

💬 그건 하기 힘들겠어요.
那不好办。
Nà bù hǎo bàn
나 뿌하오빤

💬 그렇게 하지 않아도 될 것 같아요.
我看不必了。
Wǒ kàn bù bì le
워칸 부삐러

되물음과 이해를 나타낼 때

초보자들에게 중국인과 대화를 하면서 잘 알아 듣지 못했을 때 아래의 표현들이 사용되는데, 이 때 무작정 묻기보다는 미안하다는 표현인 「对不起(duìbùqǐ) / 不好意思(bùhǎoyìsi)」 등을 덧붙이면 더욱 좋겠죠? 설명을 요구할 때에는 문장 앞에 정중한 표현인 「请(qǐng)」을 써주는 것이 좋습니다. '请'은 "부디 ~해주십시오"라는 의미로 동사 앞에 놓여서 경의를 표시합니다. 부분적인 설명을 요구할 때에는 그 부분에 「什么 (shénme)」를 넣어서 물어보면 됩니다.

Unit 1　되물을 때

💬 **뭐라고?**

什么?
Shén me
션머

💬 **뭐라고 했지?**

说什么来着?
Shuō shén me lái zhe
쉬 션머 라이줘

> 문장에 의문사가 포함되어 있다면 吗가 없어도 의문문이 된다.

💬 **방금 뭐라고 말씀하셨죠?**

你刚才说什么了?
Nǐ gāng cái shuō shén me le
니 깡차이 쉬 션머러

💬 뭐라고요?

你说什么?

Nǐ shuō shén me

니쉬 션머

💬 죄송하지만, 못 들었어요.

对不起，听不清楚了。

duì bù qǐ tīng bù qīng chu le

뚜이부치 팅부칭추러

(Unit 2) 다시 말해달라고 할 때

💬 다시 말씀해 주시겠어요?

你能再说一遍吗?

Nǐ néng zài shuō yí biàn mǎ

니넝 짜이 쉬 이비엔 마

「한 번」이라는 의미로 一遍 대신 一次로 바꿔 쓸 수 있다.

💬 다시 한번 말씀해 주십시오.

请你再说一遍。

Qǐng nǐ zài shuō yí biàn

칭 니 짜이 쉬 이비엔

请은 동사로 쓰이면 「청하다. 부탁하다」이지만, 문장 앞에 붙어 경어를 나타내기도 한다.

💬 미안하지만, 다시 말씀해 주십시오.

不好意思，请再说一遍。

bù hǎo yì sī qǐng zài shuō yí biàn

뿌하오이스 칭 짜이쉬 이비엔

不好意思는 对不起로 바꾸어 쓸 수 있다.

💬 잘 못 들었어요. 다시 말씀해 주시겠어요?

我听不请楚了，请再说一遍，好吗?

Wǒ tīng bù qǐng chu le qǐng zài shuō yī biàn hǎo mǎ

워 팅뿌칭추러 칭 짜이쉬 이비엔 하오마

설명을 요구할 때

💬 해석을 좀 해주시겠습니까?

请给我解释一下吧?

Qǐng gěi wǒ jiě shì yí xià ba

칭 게이워 지에스 이 씨아바

💬 무슨 말인지 전혀 모르겠어요.

全然不知道是什么意思。

Quán rán bù zhī dao shì shén mé yì sī

췐란 뿌즈다오 스 션머이쓰

> ☆ 不는 원래는 4성이나 뒤에 단어가 4성일 경우에는 2성으로 읽는다.

💬 도무지 감이 잡히질 않습니다.

一点儿摸不着头绪。

Yì diǎn r mō bù zhuó tóu xù

이디알 모부줘 터우쉬

> ☆ 着는 zhe로 읽히면 진행의 의미를 갖고, zháo로 읽히면 결과보어로써 해석한다.

이해를 확인할 때

💬 이해하시겠어요?

你能理解吗?

Nǐ néng lǐ jiě ma

니넝 리지에마

> ☆ 能은 가능을 나타내는 조동사로서 会와 같은 의미이나 会는 배워서 할 수 있는 것을 나타내고, 能은 선천적으로 할 수 있는 것 혹은 본래의 능력을 나타낸다.
> 예) 你能说汉语吗?(X) 你会说汉语吗?(O)

💬 제가 한 말을 알겠어요?

你明白我说的话吗?

Nǐ míng bái wǒ shuō de huà ma

니 밍바이 워쉬더화마

💬 제 말 뜻을 이해하시겠어요?

你理解我说的意思吗?

Nǐ lǐ jiě wǒ shuō de yì sī ma

니 리지에 워쉬더 이쓰마

💬 지금까지 제가 한 말을 이해하시겠어요?

你能理解我至今说的话吗?

Nǐ néng lǐ jiě wǒ zhì jīn shuō de huà ma

니넝 리지에 워 즈찐 숴더화마

💬 무슨 뜻인지 이해하시겠어요?

你能理解是什么意思吗?

Nǐ néng lǐ jiě shì shén me yì sī ma

니넝 리지에 스 션머이쓰마

意思는「의미」라는 뜻으로 쓰이기도 하고,「재미」라는 뜻으로 쓰이기도 하므로 문맥에 맞게 해석해야 한다.
㉠ 文章的意思。(문장의 의미)
有意思。(재미있다)

──(Unit 5) 이해를 했을 때 ──

💬 이해했어요.

我理解。

Wǒ lǐ jiě

워 리지에

理解는 자주 사용되는 단어로 명사, 동사 모두 사용된다. 이와 같은 의미의 단어로는 了解, 明白가 있다.

💬 아, 알겠습니다.

哦, 明白了。

ò míng bai le

어 밍빠이러

상대방의 말뜻을 알아들었을 때 明白了, 知道了와 같은 표현을 즐겨 쓴다.

💬 아, 무슨 말씀인지 알겠습니다.

啊, 我明白是什么意思了。

ā wǒ míng bai shì shén me yì si le

아 워 밍빠이 스션머이쓰러

💬 알겠군요.

明白了。

Míng bai le

밍바이러

💬 이해가 되는군요.

可以理解。

Kě yǐ lǐ jiě

커이 리지에

💬 와, 그러니까 감이 잡히는군요.

哇，这下我摸到头绪了。

Wā zhè xià wǒ mō dào tóu xù le

와 쩌씨아 워 모따오 터우쉬러

💬 충분히 이해할 수 있어요.

我能够理解。

Wǒ néng gòu lǐ jiě

워 넝꺼우 리지에

💬 당신의 입장을 이해합니다.

我理解你的立场。

Wǒ lǐ jiě nǐ de lì chǎng

워 리지에 니더 리창

💬 시간이 지나면 알게 될 겁니다.

过了时间自会了解的。

Guò le shí jiān zì huì liǎo jiě de

꿔러 스지엔 쯔후이 랴오지에더

Unit 6 이해를 못했을 때

💬 이해가 안 됩니다.

我没法理解。

Wǒ méi fǎ lǐ jiě

워 메이파 리지에

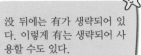
没 뒤에는 有가 생략되어 있다. 이렇게 有는 생략되어 사용할 수도 있다.

💬 무슨 말을 하는지 모르겠어요.

我不知你讲的是什么。

Wǒ bù zhī nǐ jiǎng de shì shén me

워 뿌즈 니장더 스션머

💬 당신 말씀을 이해할 수 없습니다.

我无法理解你的话。

Wǒ wú fǎ lǐ jiě nǐ de huà

워 우파 리지에 니더화

💬 이해하기 어렵군요.

很难理解。

Hěn nán lǐ jiě

헌난 리지에

💬 그건 이해가 안 되는군요.

我无法理解那点。

Wǒ wú fǎ lǐ jiě nà diǎn

워 우파 리지에 나디엔

Chapter 05 제안과 권유를 할 때

중국어에서 제안이나 권유의 표현을 나타내는 문장은 「평서문+怎么样(zěnmeyàng)」의 형태로 만들 수 있습니다. 예) 跟我一起看怎么样?(같이 보는 gēn wǒ yī qǐ kàn zěn me yàng 게 어때요? 또한 「吧(ba)」를 이용하여 문장을 만들 수도 있는데, 吧로 물어보는 것은 긍정적인 대답을 예상하고 묻는 질문이 대부분입니다.

Unit 1 제한할 때

💬 우리 돌아가야 하지 않겠어요?
我们是不是该回去了?
mén shì bù shì gāi huí qù le
워먼 스부스 까이 훼이취러

💬 지금 출발해야겠어요.
我们得出发了。
Wǒ mén děi chū fā le
워먼 데이 추파러

> 得가 「~해야 한다」라는 의미로 사용될 때에는 děi로 읽는다.

💬 제가 도와드릴 일이라도 있나요?
有没有需要我帮忙的?
Yǒu méi yǒu xū yào wǒ bāng máng de
여우메이여유 쉬야오 워 빵망더

💬 시험삼아 한번 해 봅시다.
那我们就试一试。
Nà wǒ mén jiù shì yī shì
나 워먼 지우 스이스

💬 털어놓고 얘기합시다.

咱们打开天窗说亮话。

Zán mén dǎ kāi tiān chuāng shuō liàng huà

짠먼 따카이 티엔추앙 쉬량화

💬 오늘은 이만 합시다.

今天就到这儿吧。

Jīn tiān jiù dào zhèr bā

진티엔 지우따오 쩔바

💬 이런 식으로 표현하는 것이 어떨까요?

就这个方式表达可不可以？

Jiù zhè ge fāng shì biǎo dá kě bù kě yǐ

지우 쩌거 팡쓰 뺘오다 커부커이

💬 화해합시다.

咱们和好吧。

Zán mén hé hǎo bā

짠먼 허하오바

💬 내게 좋은 생각이 있어요.

我倒有个好主意。

Wǒ dǎo yǒu ge hǎo zhǔ yì

워 따오 여유거 하오 주이

💬 주의하는 것이 좋겠어요!

我看还是注意点好。

Wǒ kàn hái shì zhù yì diǎn hǎo

워칸 하이스 쭈이 디엔하오

💬 지금 시작하는 것이 좋을 것입니다.

还是立即开始好一些。

Hái shì lì jí kāi shǐ hǎo yī xiē

하이스 리지 카이쓰 하오 이씨에

💬 술을 끊는 게 좋겠어요.

你还是戒酒吧。

Nǐ hái shì jiè jiǔ ba

니 하이스 지에지우바

还是는 「그래도 ~하는 것이 낫다」라는 의미로 제안의 의미를 갖는다.

💬 괜찮다면 같이 가시죠.

方便的话一起走吧。

Fāng biàn de huà yī qǐ zǒu ba

팡비엔더화 이치 조우바

Unit 2   제안을 받아들일 때

💬 좋습니다.

好吧。

Hǎo bā

하오바

「좋다」는 말은 好, 行, 同意 등의 말이 있고, 很, 太, 完 全등의 부사를 사용하여 의미를 강조하기도 한다.

💬 네, 그렇게 하겠습니다.

好，就那样吧。

Hǎo jiù nà yàng bā

하오 지우 나양바

💬 감사합니다. 그렇게 해 주세요.

谢谢，那就请吧。

Xiè xie nà jiù qǐng bā

씨에시에 나지우 칭바

💬 그거 좋은 생각이군요.

那想法真不错。

Nà xiǎng fǎ zhēn bù cuò

나 씨앙파 쩐 부춰

不错를 직역하면 「틀리지 않다, 나쁘지 않다」 즉 「그저 그렇다」라고 해석이 되는데 不错는 很好(매우 좋다)의 의미임을 꼭 기억해두자.

💬 그거 재미있겠는데요.

肯定会有意思的。

Kěn dìng huì yǒu yì sī de

컨띵 후이여우 이쓰더

> 肯定은 가정을 나타내는 조
> 동사로서 「~할 것이다, ~할
> 것 같다」라고 해석이 된다.

💬 그렇게 합시다.

就那么的吧。

Jiù nà me de bā

지우 나머더바

💬 그거 괜찮겠군요.

那好哇。

Nà hǎo wā

나 하오와

💬 기꺼이 당신의 제의를 받아들이겠습니다.

我很高兴地接受您的提议。

Wǒ hěn gāo xìng de jiē shòu nín de tí yì

워헌 까오씽더 지에셔우 닌더 티이

> 조사 地는 的와 같은 역할을
> 하는데, 地는 형용사나 부사
> 에 붙고, 특히 2음절의 형용
> 사가 중첩이 될 때에는 반드
> 시 붙여줘야 한다.

(Unit 3) 제안을 거절할 때

💬 그럴 기분이 아닙니다.

我没有心思这么做。

Wǒ méi yǒu xīn si zhè me zuò

워 메이여유 씬쓰 쩌머쭤

💬 그렇게 하지 마세요.

不要那么做。

Bù yào nà me zuò

부야오 나머 쭤

> 要는 「~하려하다, ~해
> 야만 한다」라고 해석하
> 며 의지를 나타낸다.

💬 고맙지만, 됐습니다.

谢谢，不用了。

Xiè xie bù yòng le

씨에시에 부용러

💬 그럴 생각이 없습니다.

我不想那样。

Wǒ bù xiǎng nà yàng

워 뿌씨앙 나양

💬 다음 기회로 미룰까요?

下次再找机会好不好？

Xià cì zài zhǎo jī huì hǎo bù hǎo

씨아츠 짜이자오 지후이 하오부하오

💬 그러고 싶지만, 선약이 있어요.

我倒是想去，可已经约了人。

Wǒ dǎo shì xiǎng qù kě yǐ jīng yuē le rén

워 따오스 씨앙취 커이징 위에러런

> 已经은 「이미」라는 의미로 과거형 문장과 함께 사용된다.

(**Unit 4**) 권유할 때

💬 앉으십시오.

请坐。

Qǐng zuò

칭쭤

> 请을 문장 앞에 붙여서 부탁의 의미나 공경의 의미를 표현한다.

💬 보십시오.

请看。

Qǐng kàn

칭칸

💬 들어오십시오.

请进。

Qǐng jìn

칭찐

💬 드십시오.

请吃。

Qǐng chī

칭츠

💬 좀더 드십시오.

请再多吃点儿。

Qǐng zài duō chī diǎnér

칭 짜이 뚸 츠디알

💬 식사하며 이야기를 나눌 수 있을까요?

可不可以边吃边谈。

Kě bù kě yǐ biān chī biān

커부 커이 비엔츠 비엔탄

> 边~边~는 「한편으로는 ~하고,
> 또 한편으로는 ~하다」라는 의미
> 로 우리말의 「~하면서 ~하자」라
> 고 해석하면 된다. 두 가지 동작
> 이 동시에 일어나는 상황을 묘사
> 할 때 자주 사용되는 표현이다.

💬 담배 피우세요.

请抽烟。

Qǐng chōu yān

칭 처우옌

💬 편하실 대로하십시오.

请随便。

Qǐng suí biàn

칭 수이비엔

💬 테니스 치러 가시죠?

去不去打网球?

Qù bù qù dǎ wǎng qiú

취부취 따 왕치우

💬 커피 한 잔 드시겠어요?

来一杯咖啡吧?

Lái yī bēi kā fēi bā

라이 이뻬이 카페이바

来는 원래 「오다」라는 의미의 동사이나, 이 문장에서는 「마시다」라고 해석하는 것이 옳다.

💬 저하고 쇼핑 가실래요?

跟我一起去购物, 好吗?

Gēn wǒ yī qǐ qù gòu wù hǎo mǎ

껀워 이치취 꺼우우 하오마

상대은 쇼핑 갈 뜻이 없지만, 본인 이혼자 가고 싶지 않아 부탁하는 경우, 跟 ~와 함께 = 和(hé)

💬 창문을 열까요?

开开窗户, 好吗?

Kāi kāi chuāng hu hǎo mǎ

카이카이 추앙후 하오마

💬 제가 가방을 들어 드릴까요?

我给您提包, 好码?

Wǒ gěi nín tí bāo hǎo mǎ

워 게이닌 티빠오 하오마

💬 맥주 한 잔 하시겠어요?

来一杯啤酒, 好吗?

Lái yī bēi pí jiǔ hǎo mǎ

라이 이뻬이 피지우 하오마

💬 제가 안내를 해 드릴까요?

我给你做导游, 好吗?

Wǒ gěi nǐ zuò dǎo yóu hǎo mǎ

워 게이니 쭤 따오여우 하오마

Unit 5   권유에 대한 응대

💬 감사합니다.

谢谢你。
Xiè xie nǐ
씨에시에 니

💬 정말로 감사합니다.

非常感谢!
Fēi cháng gǎn xiè
페이창 깐씨에

我很感谢。
Wǒ hěn gǎn xiè
워헌 깐씨에

💬 진심으로 감사드립니다.(관심을 가져 주셔서 감사드립니다)

谢谢你的关心。
Xiè xie nǐ de guān xīn
씨에시에 니더 꽌씬

Unit 6   권유의 감사에 대한 응대

💬 천만에요.

不客气。
Bù kè qi
부커치

没关系。
Méi guān xi
메이꽌씨

不用谢。
Bù yòng xiè
부용씨에

Chapter 06 부탁과 요구를 할 때

부탁을 할 때에는 「请(qǐng)」을 문장 앞에 붙여서 부탁의 의미나 공경의 의미를 표현합니다. 부탁이나 의뢰를 할 때는 「可以(kěyǐ), 能(néng)」 등의 가능을 물어보는 조동사가 함께 쓰입니다. 이 때 문장 마지막에 「吗(mà)」를 붙여서 의문문을 만들 수도 있지만 조동사의 긍정과 부정을 함께 사용하여 의문문을 만들 수도 있습니다. 부탁과 의뢰의 대답은 상대방이 묻는 문장에 사용한 조동사를 이용하여 대답을 하면 됩니다.

Unit 1 부탁할 때

💬 **부탁드려도 되겠습니까?**

托你办件事, 行吗?

Tuō nǐ bàn jiàn shì xíng mà

퉈니 빤지엔스 씽마

💬 **부탁 하나 해도 될까요?**

可以拜托您一件事吗?

Kě yǐ bài tuō nín yí jiàn shì mà

커이 바이퉈닌 이지엔스마

💬 **부탁드릴 일이 있습니다.**

有件事想拜托您。

Yǒu jiàn shì xiǎng bài tuō nín

여우지엔스 씨앙 빠이퉈닌

💬 **몇 가지 부탁드려도 될까요?**

我可以托付你几件事吗?

Wǒ kě yǐ tuō fù nǐ jǐ jiàn shì mà

워 커이 퉈푸니 지지엔스마

💬 길 안내 좀 부탁드립니다.

请给我带路，好吗？

Qǐng gěi wǒ dài lù hǎo mǎ

칭 게이워 따이루 하오마

💬 전화 좀 해 주시겠어요?

你给我打电话，好吗？

Nǐ gěi wǒ dǎ diàn huà hǎo mǎ

니 게이워 따띠엔화 하오마

💬 미안하지만, 잠깐 묻겠습니다.

麻烦你，打听一下。

Má fan nǐ dǎ tīng yī xià

마판니 따팅 이씨아

💬 이것을 잠깐 보여 주세요.

请给我看看这个。

Qǐng gěi wǒ kàn kan zhè ge

칭 게이워 칸칸 쩌거

💬 잠깐 시간 좀 내 주시겠어요?

请给我一点儿时间。

Qǐng gěi wǒ yī diǎnér shí jiān

칭 게이워 이디알 스지엔

💬 좀 서둘러 주세요.

请快点儿。

Qǐng kuài diǎner

칭 콰이디알

💬 잠시 폐를 끼쳐도 될까요?

可以大扰您一下吗？

Kě yǐ dà rǎo nín yí xià mǎ

커이 따라오 닌 이씨아마

☆

打扰는 「방해하다, 지장을 주다」라는 의미로 麻烦과 같은 의미로 사용될 수 있다.

💬 제가 좀 끼어도 될까요?

可以算我一个吗?

Kě yǐ suàn wǒ yí ge mà

커이 쑨워 이거마

💬 제 자동차 문을 열어 주시겠습니까?

麻烦您帮我打开车门行吗?

Má fán nín bāng wǒ dǎ kāi chē mén xíng mà

마판닌 빵워 따카이 처먼 씽마

> 위 문장에서 麻烦은 请의 의미로 사용되어 청유형 문장을 만든다.

Unit 2 부탁을 승낙할 때

💬 좋습니다(됩니다).

行。

Xíng

씽

💬 좋습니다. 하십시오.

可以，请。

Kě yǐ qǐng

커이 칭

💬 좋아요, 하세요.

好，请吧。

Hǎo qǐng ba

하오 칭바

💬 괜찮습니다.

没关系。

Méi guān xi

메이 꽌씨

💬 문제없습니다.

没问题。

Méi wèn tí

메이 원티

💬 물론 됩니다.

当然可以。

Dāng rán kě yǐ

땅란 커이

💬 그렇게 하세요. (서슴지 않고 부탁을 들어줄 때)

完全可以。

Wán quán kě yǐ

완췐 커이

💬 문제없습니다. 꼭 해드리겠습니다.

没问题，我一定给你办。

Méi wèn tí wǒ yī dìng gěi nǐ bàn

메이 원티 워 이띵 게이니 빤

💬 가능하다면, 제가 하겠습니다.

要是可能的话，我来。

Yào shì kě néng de huà wǒ lái

야오 스커넝더후아 워라이

💬 뭐, 그 정도쯤이야.

咳，那算啥？

Hāi nà suàn shá

하이 나쑨사

💬 힘껏 해 보겠습니다.

我会尽力的。

Wǒ huì jìn lì de

워후이 진리더

Unit 3   부탁을 거절할 때

💬 미안합니다만, 안 됩니다.

对不起，不行。

Duì bù qǐ bù xíng

뚜이뿌치 뿌씽

行은 「되다, 하다」의 의미로 사용되었으며, 허가에 대한 물음에 답할 때에도 사용된다.

💬 그렇게는 안 되겠습니다.

可能不至于吧。

Kě néng bù zhì yú bā

커넝 부즈위바

💬 고맙지만, 필요 없습니다.

谢谢，我不要了。

Xiè xie wǒ bù yào le

씨에시에 워 부야오러

💬 미안합니다, 정말 못합니다.

对不起，我真的不会。

Duì bù qǐ wǒ zhēn de bù huì

뚜이부치 워 쩐더 부후이

💬 이건 너무 심한 것 같습니다.

我实在是无能为力啊。

Wǒ shí zài shì wú néng wéi lì a

워 스짜이스 우넝 웨이리아

💬 다음 기회로 하죠.

下次机会吧。

Xià cì jī huì ba

씨아츠 지후이바

💬 다음에 다시 불러 주십시오.

下次再请我吧。

Xià cì zài qǐng wǒ ba

씨아츠 짜이 칭워바

💬 안 되겠는데요.

这恐怕不行。

Zhè kǒng pà bù xíng

쩌 콩파 뿌씽

恐怕는 「아마~일 것이다」라
는 의미로 나쁜 결과가 예상
되는 문장에 사용된다.

💬 다음에 다시 이야기합시다.

下次再说吧。

Xià cì zài shuō ba

씨아츠 짜이 쉬바

💬 미안하지만, 도와드릴 수 없습니다.

对不起，我帮不了您的忙。

Duì bù qǐ wǒ bāng bù liǎo nín de máng

뚜이부치 워 빵부랴오 닌더망

💬 잠시 생각해 보겠습니다.

让我考虑考虑。

Ràng wǒ kǎo lǜ kǎo lǜ

랑워 카오뤼카오뤼

💬 나중에 또 기회가 있겠지요.

以后还会有机会的。

Yǐ hòu hái huì yǒu jī huì de

이허우 하이후이여우 지후이더

Unit 4 요청하거나 요구할 때

💬 잠깐만 기다려 주십시오.

请等一下。

Qǐng děng yī xià

칭 떵이 씨아

💬 저를 따라 오십시오.

请跟我来。

Qǐng gēn wǒ lái

칭 껀워라이

💬 다시 한번 말씀해 주십시오.

请再说一遍。

Qǐng zài shuō yī biàn

칭 짜이숴 이비엔

💬 좀 천천히 말씀해 주십시오.

请说慢一点儿。

Qǐng shuō màn yī diǎnér

칭숴 만이디알

💬 계속 말씀하십시오.

请接着说。

Qǐng jiē zhe shuō

칭 지에저숴

💬 여기에 써 주십시오.

请写在这儿。

Qǐng xiě zài zhèr

칭 씨에 짜이쩔

💬 말을 전해 주십시오.

请转告。

Qǐng zhuǎn gào

칭 쫜 까오

💬 잠깐 제 대신 좀 해 주시겠어요?

您能替我一会儿吗?

nín néng tì wǒ yí huìer mà

닌넝 티워 이후일마

(Unit 5) 바람을 나타낼 때

💬 방해하지 말아 주십시오.

请勿打扰。

Qǐng wù dǎ rǎo

칭우 따라오

💬 원합니다.

我要。

Wǒ yào

워야오

💬 원하지 않습니다.

我不要。

Wǒ bù yào

워 부야오

💬 아무것도 필요 없습니다.

我什么都不要。

Wǒ shén me dōu bù yào

워 션머떠우 부야오

💬 선물을 좀 사고 싶습니다.

我想买点儿礼品。

Wǒ xiǎng mǎi diǎnér lǐ pǐn

워씨앙 마이 디알 리핀

💬 가고 싶지 않습니다.

我不想去。

Wǒ bù xiǎng qù

워 뿌씨앙 취

💬 먹고 싶지 않습니다.

我不想吃。

Wǒ bù xiǎng chī

워 뿌씨앙 츠

💬 아무것도 먹고 싶지 않습니다.

我什么都不想吃。

Wǒ shén me dōu bù xiǎng chī

워 션머떠우 뿌씨앙 츠

Chapter 07 재촉하거나 여유를 말할 때

중국어에서는 상대가 머뭇거리거나 말하기를 꺼려할 때, 또는 궁금한 사항에 대해서 이야기를 해 주기를 재촉할 때는 동사를 중첩하여 어기를 더욱 강조하는 표현을 만듭니다. 또한 상대에게 빠른 행동을 재촉할 때는 快(kuài)를 접속하여 표현합니다. 반대로 상대가 조급하게 서두를 때는 여유를 가지라고 慢(màn)을 사용합니다.

Unit 1 말을 재촉할 때

💬 제발 말씀해 주세요.

求求您，告诉我。

Qiú qiú nín gào su wǒ

치우치우닌 까오수 워

> 중국어에서는 동사를 중첩하여 어기를 더욱 강조하는 표현을 만든다.

💬 할말이 있으면 하세요.

您有话就说吧。

Nín yǒu huà jiù shuō ba

닌 요우화 지우 쉬바

💬 이유를 말해 보세요.

请讲讲理由。

Qǐng jiǎng jiǎng lǐ yóu

칭 쟝쟝 리여우

💬 누가 그랬는지 말해 보세요.

你说说是谁干的。

Nǐ shuō shuō shì shéi gàn de

니 쉬쉬 스셰이 깐더

143

💬 그래서 당신은 뭐라고 했습니까?

那你说什么了?

Nà nǐ shuō shén me le

나 니쉬 션머러

💬 하고 싶은 말을 하세요.

你想说什么就说吧。

nǐ xiǎng shuō shén me jiù shuō bā

니씨앙 쉬 션머지우 쉬바

吧로 끝나는 문장은 권유를 나타내거나 긍정적인 대답을 요구하는 문장에 쓰인다.

(Unit 2) 행동을 재촉할 때

💬 서두르세요!

请抓点紧。

Qǐng zhuā diǎn jǐn

칭 좌디엔진

💬 서둘러 주시겠습니까?

请快一点好吗?

Qǐng kuài yī diǎn hǎo mà

칭 콰이이디엔 하오마

💬 서두르자.

我们赶紧吧。

Wǒ mèn gǎn jǐn bā

워먼 깐진바

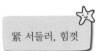

紧 서둘러, 힘껏

💬 저 몹시 급해요.

我很着急的。

Wǒ hěn zháo jí de

워헌 쟈오지더

💬 서둘러, 시간이 넉넉하지 않아.

快点，时间不多了!

Kuài diǎn shí jiān bù duō le

콰이디엔 스지엔 뿌 뛰러

💬 빨리 하세요!

快点干吧!

Kuài diǎn gàn bā

콰이디엔 깐바

💬 지체할 시간이 없어요.

没有功夫耽误了。

Méi yǒu gōng fū dān wù le

메이여유 꿍푸 딴우러

💬 가능한 빨리 하세요.

尽可能快点吧。

Jìn kě néng kuài diǎn bā

찐커넝 콰이디엔바

💬 빨리 움직여!

快点动起来!

Kuài diǎn dòng qǐ lái

콰이띠엔 뚱치라이

💬 빨리 나오세요!

快出来!

Kuài chū lái

콰이 추라이

💬 속도를 좀 내세요.

加快点速度!

Jiā kuài diǎn sù dù

쟈콰이디엔 쑤두

💬 지금 당장 해 주세요.

现在立即处理吧。

Xiàn zài lì jí chù lǐ ba

씨엔짜이 리지 추리바

立即 즉시, 당장

💬 빨리 해 주세요.

请尽快办好。

Qǐng jìn kuài bàn hǎo

칭찐 콰이빤 하오

💬 시간이 없어요.

没有时间。

Méi yǒu shí jiān

메이여유 스지엔

Unit 3 여유를 가지라고 말할 때

💬 천천히 하세요.

请慢慢来。

Qǐng màn màn lái

칭 만만라이

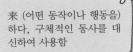

来 (어떤 동작이나 행동을)
하다, 구체적인 동사를 대
신하여 사용함

💬 서두를 필요 없어요.

用不着急忙的。

Yòng bù zháo jí máng de

용부쟈오 지망더

💬 나중에 해도 돼요.

以后再干也行。

Yǐ hòu zài gàn yě xíng

이허우 짜이깐예 씽

💬 너무 재촉하지 마세요.

不要催得那么厉害!

Bù yào cuī dé nà mé lì hai

부야오 추이더 나머 리하이

💬 서두른다고 일이 빨리 되진 않아요.

你以为着急就能快呀?

Nǐ yǐ wéi zháo jí jiù néng kuài yā

니 이웨이 쟈오지 지우 넝콰이야

💬 시간이 많이 있습니다.

时间很充分。

Shí jiān hěn chōng fēn

스지엔 헌 충펀

💬 날 재촉하지 마!

你不要催我!

Nǐ bù yào cuī wǒ

니 부야오 추이워

Chapter 08 주의와 충고를 할 때

중국어에서 조언이나 충고를 할 때 자주 쓰이는 표현 중 하나가 「~하지 않는 편이 좋습니다」라는 것이 있습니다. 「最好(zuìhǎo)~」로 표기하며, 주로 뒤에 「~때문에, ~하니까」 등의 단서가 붙습니다. 예문) 你最好禁止吸烟，因为抽烟对身体
_{Nǐ zuì hǎo jìn zhǐ xī yān   yīn wèi chōu yān duì shēn tǐ}
不好。(담배는 몸에 해롭기 때문에 금연하는 것
_{bù hǎo}
이 좋습니다.)

Unit 1   주의를 줄 때

💬 화를 내지 마세요.

你不要发火。
Nǐ bù yào fā huǒ
니 부야오 파훠

💬 자동차를 조심하세요!

当心汽车!
Dāng xīn qì chē
땅씬 치처

💬 그러면 안 돼요.

你可不要那样。
Nǐ kě bù yào nà yàng
니 커부야오 나양

💬 이러시면 안 되는 데요.

你这样做可不好。
Nǐ zhè yàng zuò kě bù hǎo
니 쩌양쭤 커뿌하오

💬 개의치 마십시오.

你不要介意。

Nǐ bù yào jiè yì

니 부야오 찌에이

💬 쓸데없는 짓 말아요.

你不要白费心了。

Nǐ bù yào bái fèi xīn le

니 부야오 바이페이씬러

💬 그것을 중지하도록 하세요.

那个就那么停止吧。

Nà ge jiù nà me tíng zhǐ bā

나거 찌우 나머 팅즈바

💬 주의하는 것이 좋겠어요!

我看你还是注意点好。

Wǒ kàn nǐ hái shì zhù yì diǎn hǎo

워칸 니 하이스 주이 디엔 하오

(Unit 2) 충고할 때

💬 나를 실망시키지 마세요.

不要让我失望。

Bù yào ràng wǒ shī wàng

부야오 랑워 스왕

💬 잊지 말고 기억하세요.

你可要记住，别忘了!

Nǐ kě yào jì zhù bié wàng le

니 커야오 찌주 비에 왕러

住는 동작을 통해 대상에 영
향을 주고 그 영향을 받은 대
상을 한 지점에 고정시킨다.
记住 기억하는 동작을 하고
계속 기억 속에 두다.

💬 자존심을 버리세요.

抛弃你的自尊吧。

Pāo qì nǐ de zì zūn bā

파오치 니더 쯔쭌바

💬 선수를 치세요.

你要先发制人。

Nǐ yào xiān fā zhì rén

니야오 씨엔 파즈런

💬 일찍 자고 일찍 일어나는 게 좋아요.

还是早睡早起好。

Hái shì zǎo shuì zǎo qǐ hǎo

하이스 짜오쑤이 짜오치 하오

💬 너는 진지해야 해.

你一定要真诚。

Nǐ yī dìng yào zhēn chéng

니 이띵야오 쩐청

💬 남의 말을 액면 그대로 받아들이지 마세요!

可不要人家说什么信什么。

Kě bù yào rén jiā shuō shén me xìn shén me

커부야오 런쟈 쉬션머 씬션머

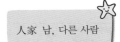
人家 남, 다른 사람

💬 최선을 다해라.

你一定要全力以赴啊!

Nǐ yī dìng yào quán lì yǐ fù ā

니 이띵야오 췐리 이푸아

💬 규칙대로 하는 것이 좋을 겁니다.

还是照规矩来好一些。

Hái shì zhào guī ju lái hǎo yī xiē

하이스 자오꾸이쮜라이 하오이씨에

💬 말보다는 행동이 중요해요.

行动比宣言更重要。

Xíng dòng bǐ xuān yán gēng zhòng yào

씽뚱 비쉔옌 껑 쭝야오

💬 담배를 끊으셔야 해요.

烟是一定要戒的。

Yān shì yī dìng yào jiè de

옌스 이띵야오 찌에더

💬 당신은 그 생각을 버려야 해요.

你要抛弃这种想法。

Nǐ yào pāo qì zhè zhǒng xiǎng fǎ

니야오 파오치 쩌쭝 씨앙파

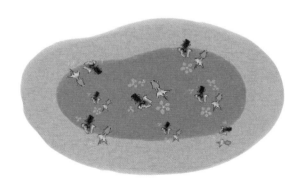

거리낌 없는
감정 표현

중국인은 감정을 표시할 때 아주 신중하며 직접적인 감정표현을 경시하는 경향이 있습니다. 이것은 개인의 내면에 관계되는 생활의 일체이며 상당히 엄격하게 지켜집니다. 때로는 어떤 상황에서든지 약간의 감정조차 표시하려 들지 않습니다. 따라서 이별이나 사망 시에도 노골적으로 나타내지 않습니다. 여기서는 자연스럽게 자신의 감정을 드러내는 다양한 표현을 익히도록 합니다.

Chapter 01 희로애락과 호불호

감정을 나타내는 표현들은 무수히 많습니다. 「기쁘다, 즐겁다」 등의 표현에는 대표적으로 高兴(gāoxìng), 开心(kāixīn) 등이 사용되며, 「화나다」는 生气(shēngqì), 「슬프다」는 伤心(shāngxīn), 悲哀(bēiāi) 등의 표현이 자주 쓰입니다. 또한 감정을 강조할 때는 非常(fēicháng), 很(hěn) 등의 부사를 사용하여 강조합니다.

Unit 1 기쁘거나 즐거울 때

💬 전 몹시 기쁩니다.

我非常高兴!
Wǒ fēi cháng gāo xìng
워 페이창 까오씽

💬 무척 기뻐요!

我太高兴了!
Wǒ tài gāo xìng le
워 타이 까오씽러

💬 정말 즐겁습니다.

真愉快!
Zhēn yú kuài
쩐 위콰이

💬 날아갈 듯 해.

高兴得要飞了!
Gāo xìng de yào fēi le
까오씽더 야오페이러

💬 기분 끝내주는군!

心情盖了冒了!

Xīn qíng gài le mào le

씬칭 까이러마오러

💬 정말 재미있습니다.

很有意思。

Hěn yǒu yì sī

헌여우이스

💬 좋아서 미치겠어요.

高兴得要疯了!

Gāo xìng de yào fēng le

까오씽더 야오펑러

💬 마음이 아주 편안해요.

心情好安详啊。

Xīn qíng hǎo ān xiáng a

씬칭 하오안씨앙아

💬 네가 잘돼서 나도 기뻐!

你好了我也高兴。

Nǐ hǎo le wǒ yě gāo xìng

니하오러 워예 까오씽

💬 듣던 중 반가운 소식인데요.

好久才盼来好消息。

hǎo jiǔ cái pàn lái hǎo xiāo xī

하오지우 차이판라이 하오 씨아오씨

💬 이 얼마나 다행인가요.

这多么幸运啊。

Zhè duō me xìng yùn a

쩌 뚸머 씽윈아

💬 야, 만세!

哇，万岁!

Wā wàn suì

와 완쑤이

万岁 만세 (장구하
기를 축복하는 말)

💬 브라보!

好! 好哇!

Hǎo hǎo wā

하오 하오와

哇 아!, 와!, 어머! (뜻밖
의 놀람을 나타낼 때 단
독으로 쓰이는 감탄사)

Unit 2 화가 날 때

💬 왜 저한테 화를 내세요?

你为什么跟我生气?

Nǐ wèi shén me gēn wǒ shēng qì

니 웨이션머 껀워 성치

💬 날 화나게 하지 마세요.

请你不要惹我生气。

Qǐng nǐ bù yào rě wǒ shēng qì

칭니 부야오 러워 성치

💬 화내지 마세요.

别生气了。

Bié shēng qì le

삐에 성치러

💬 그가 또 약속을 어겼어. 너무 화가 나.

他又没有守约，真气死人了。

Tā yòu méi yǒu shǒu yuē zhēn qì sǐ rén le

타 여우 메이여우 셔우위에 쩐 치쓰런러

💬 미치겠어요.

气疯了。

Qì fēng le

치펑러

💬 참는 것도 한도가 있어요.

忍耐是有限度的。

Rěn nài shì yǒu xiàn dù de

런나이스 여우시엔뚜더

💬 정말 열 받는군!

真叫人气死了。

Zhēn jiào rén qì sǐ le

쩐 쟈오런 치쓰러

💬 더 이상은 못 참겠어요.

我再也忍受不了了。

Wǒ zài yě rěn shòu bù liǎo le

워짜이예 런셔우뿌랴오러

(Unit 3) 슬플 때

💬 아, 슬퍼요!

啊，真悲伤!

Ā zhēn bēi shāng

아 쩐 베이상

💬 나는 마음이 아픕니다.

我心里好痛苦。

Wǒ xīn lǐ hǎo tòng kǔ

워 씬리 하오통쿠

💬 슬퍼서 울고만 싶습니다.

我很伤心，只想哭。

Wǒ hěn shāng xīn zhǐ xiǎng kū

워 헌샹 씬 즈씨앙쿠

💬 슬퍼하지 마세요.

不要伤心了。

Bù yàoshāng xīn le

부야오 샹씬러

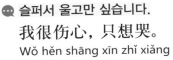

不要 ~하지 마라
= 别(bié)

💬 기분을 좀 푸세요.

开开心吧。

Kāi kai xīn bā

카이카이씬바

开心 기분을 풀다

💬 진정하십시오.

请你真静。

Qǐng nǐ zhèn jìng

칭니 쩐징

💬 이래서는 안 됩니다.

这可怎么行呢。

Zhè kě zěn me xíng ne

쩌커 쩐머 씽녀

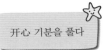

行(xíng) 되다, 不行
(bùxíng) 안 되다

Unit 4 좋아하는 것을 말할 때

💬 어떤 종류의 영화를 좋아하세요?

你喜欢什么类型的电影？

Nǐ xǐ huan shén mè lèi xíng de diàn yǐng

니 시환 션머레이씽더 띠엔잉

💬 재즈를 좋아하세요?

你喜欢爵士舞吗?

Nǐ xǐ huan jué shì wǔ mà

니 시환 줴스우마

💬 어느 프로그램을 가장 좋아합니까?

你最喜欢看哪个栏目?

Nǐ zuì xǐ huan kàn nǎ ge lán mù

니 쭈이 시환 칸 나거 란무

💬 어떤 날씨를 좋아하세요?

你喜欢什么样的天气?

Nǐ xǐ huan shén me yàng de tiān qì

니 시환 션머양더 티엔치

💬 나는 춤추러 가는 것을 좋아합니다.

我喜欢去舞厅跳舞。

Wǒ xǐ huan qù wǔ tīng tiào wǔ

워 시환 취 우팅 탸오우

💬 나는 음악 듣기를 좋아합니다.

我喜欢听音乐。

Wǒ xǐ huan tīng yīn yué

워 시환 팅인위에

💬 나는 컴퓨터 게임광입니다.

我是电脑游戏迷。

Wǒ shì diàn nǎo yóu xì mí

워스 띠엔나오 여우씨미

💬 난 그가 좋아 미칠 지경이야.

我喜欢他喜欢得快要疯了。

Wǒ xǐ huan tā xǐ huan dé kuài yào fēng le

워 시환 타 시환더 콰이야오 펑러

💬 커피보다는 홍차를 마시겠습니다.

喝咖啡还不如喝红茶呢。

Hē kā fēi hái bù rú hē hóng chá ne

허 카페이 하이뿌루 허 홍차너

💬 토크쇼 보는 것을 가장 좋아합니다.

最喜欢看访谈节目。

Zuì xǐ huan kàn fǎng tán jié mù

쭈이시환 칸팡탄 제무

💬 나는 포도주보다는 맥주가 좋습니다.

比起葡萄酒我更喜欢啤酒。

Bǐ qǐ pú táo jiǔ wǒ gēng xǐ huan pí jiǔ

비치 푸타오지우 워 껑씨환 피지우

Unit 5 싫어하는 것을 말할 때

💬 나는 춤추는 것을 몹시 싫어합니다.

我最讨厌跳舞了。

Wǒ zuì tǎo yàn tiào wǔ le

워 쭈이 타오옌 탸오우러

💬 나는 이런 종류의 음식이 싫습니다.

我不喜欢吃这种类型的食物。

Wǒ bù xǐ huan chī zhè zhǒng lèi xìng de shí wù

워 뿌씨환 츠 쩌중 레이씽더 스우

💬 그다지 좋아하는 것은 아닙니다.

我并不是太喜欢。

Wǒ bìng bù shì tài xǐ huan

워 삥부스 타이 씨환

Chapter 02 여러가지 감정을 나타낼 때

모든 감탄사는 상황에 따라 어감에 따라 다르게 사용될 수 있습니다. 감탄사는 문법적인 체계가 아닌, 관습으로 형성되기 때문입니다. 갑작스런 상황에서 나오는 감탄사를 잘 구사한다면 중국 인들과의 교감이 잘 이루어질 것입니다. 「긴장」 이라는 말은 紧张(jǐnzhāng)이라고 표기를 하는 데 紧张은 「긴장하다」라는 의미 이외에 「기대된다」라는 의미로도 사용 됩니다.

Unit 1   부끄러울 때

💬 당신 차례예요. 수줍어 마세요.

轮到你了，不要不好意思。
Lún dào nǐ le bù yào bù hǎo yì sī
룬따오니러 부야오 뿌하오이스

💬 저는 이에 대해 부끄럽게 생각합니다.

我对此感到很惭愧。
Wǒ duì cǐ gǎn dào hěn cán kuì
워뚜이츠 깐따오 헌 찬쿠이

💬 이 일은 나로서는 수치입니다.

这事对我来说是个羞耻。
Zhè shì duì wǒ lái shuō shì ge xiū chǐ
쩌스 뚜이워 라이쉬 스거 씨우츠

💬 너는 창피한 줄 알아야지.

你要知道羞耻。

Nǐ yào zhī dào xiū chǐ

니야오 즈따오 씨우츠

💬 창피한 줄 아세요.

你不嫌丢脸吗?

Nǐ bù xián diū liǎn má

니 뿌씨엔 디우리엔마

(Unit 2) 유감스러울 때

💬 정말 유감입니다.

真遗憾。

Zhēn yí hàn

쩐 이한

💬 만약 그렇다면, 너무 유감스럽습니다.

要是那样，那太遗憾了。

Yào shì nà yàng yàng nà tài yí hàn le

야오스 나양 나타이 이한러

💬 당신이 오시지 않아서 너무 유감스러웠습니다.

你不能来真是太遗憾了!

Nǐ bù néng lái zhēn shì tài yí hàn le

니 뿌넝라이 쩐스 타이 이한러

💬 유감스럽지만, 아닙니다.

很遗憾，不是的。

Hěn yí hàn bù shì de

헌 이한 부스더

Unit 3 부러울 때

💬 무척 부럽습니다.

非常羡慕。

Fēi cháng xiàn mù

페이창 씨엔무

💬 난 네가 정말 부러워.

我真羡慕你!

Wǒ zhēn xiàn mù nǐ

워쩐 씨엔무 니

💬 저도 당신의 용기가 부럽습니다.

我也很羡慕你的勇气。

Wǒ yě hěn xiàn mù nǐ de yǒng qì

워예 헌시엔무 니더용치

Unit 4 질투할 때

💬 다른 사람을 시기해본 적이 있어요?

你妒忌过别人吗?

Nǐ dù jì guò bié rén mà

니 뚜지꿔 삐에런마

💬 서로 의심하고 질투하지 말아요.

你们不要互相猜忌。

Nǐ mén bù yào hù xiāng cāi jì

니먼 부야오 후씨앙 차이지

💬 남을 질투하는 것은 나쁜 버릇입니다.

嫉妒别人是不好的习惯。

Jí dù bié rén shì bù hǎo de xí guàn

지뚜 삐에런 스 뿌하오더 시꽌

Unit 5 초조할 때

💬 무슨 걱정거리가 있습니까?

有什么心事吗?

Yǒu shén me xīn shi mà
여우션머 씬스마

💬 무슨 걱정이라도 있습니까?

你有什么忧虑吗?

Nǐ yǒu shén me yōu lǜ mà
니 여우션머 여우뤼마

💬 그는 왜 안절부절못하죠?

他怎么坐立不安呢?

Tā zěn me zuò lì bù ān ne
타 쩐머 쭤리뿌안너

💬 무슨 일로 그렇게 조급해 하세요?

你有什么事那么着急?

Nǐ yǒu shén me shì nà me zháo jí
니여우 션머스 나머 짜오지

💬 난 지금 좀 긴장돼.

我现在有点紧张。

Wǒ xiàn zài yǒu diǎn jǐn zhāng
워 씨엔짜이 여우디엔 진장

💬 긴장을 풀어 봐.

你放松一下。

Nǐ fàng sōng yí xià
니 팡송 이씨아

💬 왜 그러세요?
你怎么了。
Nǐ zěn me le
니 쩐머러

상대방이 갑자기 이상한 행동을 할 때 사용한다.

Unit 6 무서울 때

💬 무서워요.
我害怕。
Wǒ hài pà
워 하이파

💬 정말 무섭군요.
真让人感到可怕。
Zhēn ràng rén gǎn dào kě pà
쩐 랑런 깐따오 커파

💬 무서워하지 마!
别怕, 不要怕!
Bié pà bù yào pà
삐에 파 부야오 파

💬 그건 별거 아니야.
这没什么了不起。
Zhè méi shén me liǎo bù qǐ
쩌 메이션머 랴오부치

了는 (liǎo)와 (le)로 읽는다. 이처럼 한 글자가 뜻의 차이에 따라 두 가지 이상의 발음으로 읽히는 것은 多音字, 혹은 破音字라고 한다.

Chapter 03 걱정과 후회를 나타낼 때

상대의 걱정에 대한 위로는 사회생활을 원활히 하기 위한 첫걸음으로 불의의 사고, 재난, 병 등에 대한 동정을 나타내는 것은 자연스런 감정이기도 합니다. 근심스런 표정을 하고 있으면 什么事啊(shénmeshìa)?(무슨 일이야?)라고 물어봅시다. 상대를 위로하거나 용기를 북돋아줄 때, 또는 응원할 때는 우리말의 「힘내!」에 해당하는 加油(jiāyóu)!를 외쳐봅시다.

Unit 1 상대의 걱정을 물을 때

💬 **무슨 일이야?**
什么事啊?
Shén me shì ā
셔머스아

💬 **뭘 그리 초조해하고 있니?**
什么事那么焦心?
Shén me shì nà me jiāo xīn
셔머스 나머 쟈오씬

💬 **무엇 때문에 괴로워하고 있는 거야?**
什么事让你这么难过?
Shén me shì ràng nǐ zhè me nán guò
셔머스 랑니 쩌머 난궈

💬 **걱정되는 일이라도 있으세요?**
你有什么忧心事吗?
Nǐ yǒu shén me yōu xīn shì mà
니 여우 셔머 여우씬스마

166

💬 무슨 일로 걱정하세요?

你为什么事担忧?

Nǐ wèi shén me shì dān yōu

니 웨이션머 스 딴여우

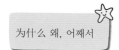

为什么 왜, 어째서

💬 집에 무슨 일이 있으세요?

家里有什么事吗?

Jiā lǐ yǒu shén me shì mà

쟈리 여우 션머스마

💬 그녀가 안 오면 어떡하죠?

她要是不来可怎么办?

Tā yào shì bù lái kě zěn me bàn

타 야오스 뿌라이 커쩐머빤

她는 여자를 가리킬 때 쓰이고, 他는 남자를 가리킬 때 쓰인다.

💬 우울해 보이네요.

看着挺忧郁的。

Kàn zhe tǐng yōu yù de

칸저 팅여우위더

💬 안색이 형편없군요.

你的脸色很不好啊。

Nǐ de liǎn sè hěn bù hǎo ā

니더 리엔써 헌뿌하오아

💬 걱정되는 일이 있었나요?

您有什么焦心事吗?

Nín yǒu shén me jiāo xīn shì mà

닌 여우션머 쟈오씬스마

💬 무슨 일이 잘못됐니?

出了什么差错吗?

Chū le shén me chā cuò mà

추러 션머 차추오마

💬 저는 이제 어떡하죠?

我该如何是好?

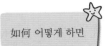

如何 어떻게 하면

Wǒ gāi rú hé shì hǎo
워까이 루허 스하오

💬 한잠도 못 잤어요.

一夜没合眼

Yī yè méi hé yǎn 。
이예 메이 허옌

(Unit 2) 걱정을 말할 때

💬 요즘 기분이 좋지 않아요.

这几天心情不好。

Zhè jǐ tiān xīn qíng bù hǎo
쩌 지티엔 씬칭 뿌하오

💬 오늘은 어쩐지 기분이 이상해요.

今天这心情好古怪。

Jīn tiān zhè xīn qíng hǎo gǔ guài
찐티엔 쩌씬칭 하오꾸꽈이

💬 절망적인 기분이야.

心情绝望极了。

Xīn qíng jué wàng jí le
씬칭 쮀왕 지러

Unit 3 걱정을 위로할 때

💬 걱정하지 마세요.

您不要担心。

Nín bù yào dān xīn

닌 부야오 딴씬

💬 걱정할 것 없어요.

用不着担心。

Yòng bù zháo dān xīn

용부쟈오 딴씬

💬 좋아질 거예요.

会好起来的。

Huì hǎo qǐ lái de

후이 하오치라이더

💬 결과에 대해 걱정하지 마세요.

您不用挂念结果。

Nín bù yòng guà niàn jié guǒ

닌 부용 꽈니엔 제궈

💬 그런 걱정은 깨끗이 잊어버리세요.

这样的担心干脆忘了吧。

Zhè yàng de dān xīn gān cuì wàng le bā

쩌양더 딴씬 깐추이 왕러바

干脆 깨끗하게,
차라리, 시원하게

💬 너무 심각하게 받아들이지 마세요.

不要把它想得太重。

Bù yào bǎ tā xiǎng de tài zhòng

부야오 바타 씨앙더 타이쭝

💬 긍정적으로 생각하세요.

往好的方向想吧。

Wǎng hǎo de fāng xiàng xiǎng bā

왕하오더 팡씨앙 씨앙바

💬 너무 걱정하지 마세요. 다 잘 될 거예요.

用不着担心，都会好起来的。

Yòng bù zháo dān xīn dōu huì hǎo qǐ lái de

용뿌쟈오 딴씬 떠우후이 하오치라이더

担心 걱정하다 ↔ 放心(fàngxīn) 안심하다

💬 자, 힘을 내. 너는 할 수 있어.

来，加把劲，你会做到的!

Lái jiā bǎ jìn nǐ huì zuò dào de

라이 쟈바찐 니후이 쭤따오더

💬 그것은 문제없어요.

那没问题。

Nà méi wèn tí

나 메이원티

💬 기운 내!

加油啊!

Jiā yóu ā

쟈여우아

加油 힘을 (더) 내다, 가일층 노력하다, 기운을 내다 (응원할 때 많이 쓰임)

💬 낙담하지 말아요.

不要气馁。

Bù yào qì něi

부야오 치네이

💬 진정하세요(흥분하지 마세요).

你不要激动。

Nǐ bù yào jī dòng

니 부야오 지똥

170

💬 걱정말고 말해요.

别担心，说吧。

Bié dān xīn shuō bā

비에딴씬 쉬바

💬 보기보다 어렵지 않아요.

比看着容易一些。

Bǐ kàn zhù róng yì yī xiē

비칸주 룽이 이씨에

比 ~보다

💬 걱정해 주셔서 고맙습니다.

谢谢您为我费心。

Xiè xie nín wèi wǒ fèi xīn

씨에시에 닌웨이워 페이씬

为는 「~을 위하여」라는 의미로 사용될 때에는 4성으로 읽고, 「~이 되다」라는 의미로 사용될 때에는 2성으로 읽는다.

(Unit 4) 아쉬워할 때

💬 당신에게 그걸 보여주고 싶었는데요.

真应该给你看看那个。

Zhēn yīng gaī gěi nǐ kàn kàn nà ge

쩐 잉까이 게이니 칸칸나거

💬 그 사람이 뜻밖에도 실패하다니 정말 안됐군요.

那人竟然失败，真是可惜了。

Nà rén jìng rán shī bài zhēn shì kě xī le

나런 찡란 스빠이 쩐스 커시러

💬 그건 피할 수도 있었는데.

那其实是可避免的。

Nà qí shí shì kě bí miǎn de

나 치스스 커삐미엔더

💬 애당초 영어공부를 좀 열심히 했더라면 좋았을 텐데.

当初再用心学英语就好了。

Dāng chū zài yòng xīn xué yīng yǔ jiù hǎo le

땅추 짜이용씬 쉬잉위 지우하오러

💬 네 동정 따윈 필요 없어.

我才不需要你的同情呢。

Wǒ cái bù xū yào nǐ de tóng qíng ne

워차이 부쉬야오 니더 통칭너

💬 운이 좀 없었을 뿐이야.

不过是少了点运气。

Bù guò shì shǎo le diǎn yùn qì

부꿔 스 샤오러디엔 윈치

💬 난 정말 이곳을 그리워할 거야.

我以后会怀念这个地方的。

Wǒ yǐ hòu huì huái niàn zhè ge dì fāng de

워 이허우 후이 화이니엔 쩌거 띠팡더

💬 당신에게 그걸 보여주고 싶었는데요.

真应该给你看看那个。

Zhēn yīng gāi gěi nǐ kàn kàn nà ge

쩐 잉까이 게이니 칸칸나거

(Unit 5) 후회할 때

💬 그에게 사과했어야 하는 건데.

我应该向他道歉才是。

Wǒ yīng gāi xiàng tā dào qiàn cái shì

워 잉까이 씨앙타 따오치엔 차이스

> 道歉 사과하다, 道는 명사
> 로 쓰일 때는 「길, 도로」의
> 뜻이지만, 동사로 쓰일 때
> 는 「말하다」의 뜻이 된다.

💬 일을 저질러 놓고 보니 후회가 막심해요.

真正出事了，真是后悔莫及啊。

Zhēn zhèng chū shì le zhēn shì hòu huǐ mò jí ā

쩐쩡 추스러 펀스 허우후이 머지아

💬 언젠가는 후회할 겁니다.

往后肯定会后悔的。

Wǎng hòu kěn dìng huì hòu huǐ de

왕허우 컨띵후이 허우후이더

后悔의 발음에 주의하자. hòu huǐ「후회하다」의 뜻이지만, hòu huì로 읽으면「다음 기회」라는 뜻이 된다.

💬 이젠 너무 늦었어.

现在已经太晚了。

Xiàn zài yǐ jīng tài wǎn le

씨엔짜이 이징 타이완러

💬 난 절대로 후회하지 않아.

我可不后悔。

Wǒ kě bù hòu huǐ

워 커부 허우후이

💬 언젠가 너는 그것을 후회하게 될 거야.

你有朝一日肯定会后悔的。

Nǐ yǒu zhāo yī rì kěn dìng huì hòu huǐ de

니 여우자오이르 컨띵후이 허우후이더

💬 나는 이 일을 맡은 것에 대해 결코 후회해 본 적이 없어.

我对承担这件事，从来没有后悔过。

Wǒ duì chéng dān zhè jiàn shì cóng lái méi yǒu hòu huǐ guò

워뚜이청단 쩌지엔쓰 총라이 메이여우 허우후이궈

💬 그는 항상 그런 식이에요.

他总是这么个德性。

Tā zǒng shì zhè mě ge de xìng

타쫑스 쩌머거 더씽

总是는「항상, 늘」이란 의미로 每次와 같은 의미이다.

불만과 불평을 할 때

우리나라 표현 중 격한 불만을 강조할 때「~해 죽겠다」의 표현을 중국에서도 동일하게 쓰입니다. 예를 들면「饿死了(èsǐliǎo) 배고파 죽겠다」, 「冷死了(lěngsǐliǎo) 추워 죽겠다」등이 있습니다. 불만은 불만족의 준말입니다.「만족하지 않다, 만족스럽지 못하다」라는 뜻입니다. 불평은 마음에 불만이 있어 못마땅하게 여기고, 그 못마땅함을 말이나 행동으로 드러내어 표현하는 것입니다. 불만이 원인이 되어 불평을 하게 되는 것이지요.

(Unit 1)   짜증날 때

💬 정말 지겨워 죽겠어.

真是烦死了，烦透了。

Zhēn shì fán sǐ le fán tòu le

쩐스 판쓰러 판터우러

> ~死了 ~죽겠어
> 예 气死了(qì sǐ le) 화가 나 죽겠어

💬 하는 일에 싫증나지 않으세요?

你不厌倦你做的工作吗?

Nǐ bù yàn juàn nǐ zuò de gōng zuò mà

니 부옌 쮄니쭤더 꽁쭤마

💬 네, 이젠 진절머리가 나요.

是啊，已经厌倦得不得了。

Shì ā yǐ jīng yàn juàn dé bù dé liǎo

스아 이찡 옌 쮄더 뿌더랴오

💬 그는 매우 짜증나게 해.

他可讨厌人了。

Tā kě tǎo yàn rén le

타커 타오옌런러

💬 이런 생활에는 이제 넌더리가 나요.

这种日子我早腻了。

Zhè zhǒng rì zǐ wǒ zǎo nì le

쩌종르즈 워짜오니러

💬 이젠 일에 싫증이 나요.

这事儿我已经厌倦了。

Zhè shì r wǒ yǐ jīng yàn juàn le

쩌슬 워이징 옌 쮄러

💬 정말 스트레스 쌓이는군!

真让人受不了。

Zhēn ràng rén shòu bù liǎo

쩐랑런 셔우부랴오

💬 지긋지긋해요, 그렇죠?

很腻人，是吧?

Hěn nì rén shì bā

헌니런 스바

💬 정말 지겨워요.

真令人厌烦。

Zhēn lìng rén yàn fán

쩐링런 옌판

💬 지루해 죽겠어요.

真是无聊死了。

Zhēn shì wú liáo sǐ le

쩐스 우랴오쓰러

💬 정말 짜증스러워요.

真让人讨厌。

Zhēn ràng rén tǎo yàn

쩐랑런 타오옌

💬 맥이 빠지는군!

真让人泄气啊。

Zhēn ràng rén xiè qì ā

쩐랑런 씨에치아

💬 이 일은 해도 해도 한이 없군.

这事干来干去没个头。

Zhè shì gàn lái gàn qù méi ge tóu

쩌쓰 깐라이깐취 메이거터우

(Unit 2) 귀찮을 때

💬 아, 귀찮아.

咳，真讨厌。

Hāi zhēn tǎo yàn

하이 쩐타오옌

💬 정말 귀찮군.

真是讨厌死了。

Zhēn shì tǎo yàn sǐ le

쩐스 타오옌 쓰러

💬 누굴 죽일 생각이세요?

你想烦死人哪？

Nǐ xiǎng fán sǐ rén nǎ

니씨앙판 쓰런나

💬 당신은 참 짜증나게 하는군요.

你这人真烦人。

Nǐ zhèrén zhēn fán rén

니쩌런 쩐판런

💬 나 지금 바빠. 제발 저리 좀 비켜라.

我现在很忙，你给我躲一边去。

Wǒ xiàn zài hěn máng nǐ gěi wǒ duǒ yī biān qù

워 시엔짜이 헌망 니게이워 뚜이삐엔취

💬 또 시작이군.

又来了。

Yòu lái le

여우라이러

Unit 3   불평할 때

💬 또 시작이군.

又来了。

Yòu lái le

여우라이러

💬 당신 또 불평이군요.

你这人又发牢骚了。

Nǐ zhèrén yòu fā láo sāo le

니쩌런 여우파 라오싸오러

💬 저로서는 불만입니다.

我感到很不满意。

Wǒ gǎn dào hěn bù mǎn yì

워깐따오 헌뿌만이

> ☆
> 满意 만족하다. 중국에서 满足은 좋은
> 의미가 아니다.
> 到는 동사의 보어로 쓰여「~에 미치다,
> ~에 이르다」라는 의미로 동작이 목적에
> 도달하거나 성취된 것을 나타낸다.

177

💬 나한테 불만 있어요?

你对我有不满吗？

Nǐ duì wǒ yǒu bù mǎn mà

니뚜이워 여우뿌만마

对(~에 대해서)는 동사가
가리키는 동작·작용이 향
하는 대상을 나타낸다.

💬 왜 그게 제 탓이죠?

那为什么要怨我？

Nà wèi shén me yào yuàn wǒ

나 웨이션머 야오위엔워

💬 당신 태도에 난 너무 불쾌해요.

你这个态度，很让我不快。

Nǐ zhè ge tài dù hěn ràng wǒ bù kuài

니 쩌거타이뚜 헌랑워 부콰이

💬 정말 말 같지 않네.

真不像话。

Zhēn bù xiàng huà

쩐 부씨앙화

💬 무엇을 불평하고 계십니까?

到底对什么不满？

dào dǐ duì shén me bù mǎn

따오디 뚜이션머 뿌만

到底는「도대체」라는
의미로 의문문에 쓰여
서 어세를 강조한다.

Unit 4 　불평 · 불만을 말릴 때

💬 뭐가 그렇게 불만인가요?

你到底有什么可不满的？

Nǐ dào dǐ yǒu shén me kě bù mǎn de

니 따오디 여우션머 커뿌만더

💬 너무 그러지 마.

不要太过分。

Bù yào tài guò fēn

부야오 타이꿔펀

💬 너 불평 좀 그만 할래?

你少发点牢骚好不好?

Nǐ shǎo fā diǎn láo sāo hǎo bù hǎo

니 샤오파디엔 라오싸오 하오부하오

💬 너무 투덜거리지 마!

你不要嘟嘟囔囔的。

Nǐ bù yào dū dū náng náng de

니 부야오 뚜뚜낭낭더

💬 이제 그만 좀 불평해.

不要再发牢骚了。

Bù yào zài fā láo sāo le

부야오짜이 파라오싸오러

💬 그만 좀 불평해.

少发牢骚。

Shǎo fā láo sāo

샤오파라오싸오

Chapter 05 감탄과 칭찬을 할 때

우리는 상대방에 대한 칭찬이 부족하다는 말을 많이 듣습니다. 그러나 칭찬처럼 돈 안 들이고 상대에게 호감을 사는 방법은 드물 것입니다. 대인 관계에서 상대방을 칭찬하는 것 이상으로 기분 좋게 하는 것은 없습니다. 상대방의 장점이나 성품, 능력, 외모 등을 적절하게 말할 수 있게 표현을 익혀둡시다. 특히 중국어에서는 很(hěn), 太(tài), 真(zhēn) 등을 덧붙여서 강조를 하여 칭찬하는 것이 좋습니다.

Unit 1 감탄할 때

💬 멋지네요!

太壮观了!
Tài zhuàng guān le
타이 쫭꽌러

💬 훌륭합니다.

太好了!
Tài hǎo le
타이하오러

💬 와, 정말 아름답네요!

哇, 真是太美了!
Wā zhēn shì tài měi le
와 쩐스 타이메이러

💬 너무 맛있네요!

太好吃了!
Tài hǎo chī le
타이 하오츠러

💬 잘했어요!

干得好!

Gàn dé hǎo

깐더하오

💬 너무 재미있네요!

太有意思了!

Tài yǒu yì sī le

타이 여우이쓰러

有意思 재미있다, 不好意思
쑥스럽다, 겸연쩍다

💬 엄청나네요!

乖乖, 真了不得!

Guāi guāi zhēn liǎo bù dé

과이과이 쩐 랴오뿌더

(Unit 2) 성과를 칭찬할 때

💬 대단하군요!

真了不起!

Zhēn liǎo bù qǐ

쩐 랴오부치

💬 잘 하시는군요.

你真不错。

Nǐ zhēn bù cuò

니쩐 부춰

💬 정말 훌륭하군요!

真是太好了。

Zhēn shì tài hǎo le

쩐스 타이하오러

💬 참 잘하셨어요.

你干得太出色了。

Nǐ gàn dé tài chū sè le

니깐더 타이 추써러

💬 그렇지요, 그렇게 해야지요.

对呀，就该那么做。

Duì yā jiù gāi nà mė zuò

뚜이야 지우까이 나머쭤

💬 나는 당신이 자랑스럽습니다.

我为你骄傲。

Wǒ wéi nǐ jiāo ào

워웨이니 쟈오아오

💬 그녀는 손재주가 좋아요.

她手很巧。

Tā shǒu hěn qiǎo

타셔우 헌챠오

💬 정말 잘했어요.

你干得真好。

Nǐ gàn dé zhēn hǎo

니깐더 쩐하오

💬 아주 잘 하고 있어요.

你们现在干得很好。

Nǐ mėn xiàn zài gàn dé hěn hǎo

니먼 시엔짜이 깐더헌하오

Unit 3   외모를 칭찬할 때

💬 당신은 정말 신사이군요.

你真是个绅士。

Nǐ zhēn shì ge shēn shì

니쩐스거 션쓰

💬 멋있군요.

真帅。

Zhēn shuài

쩐쑈이

> 남자의 외모를 칭찬할 때 사용된다. 여성에게는 漂亮(piāoliàng)을 사용한다.

💬 참 멋지군요.

真潇洒。

Zhēn xiāo sǎ

쩐 씨아오싸

> 潇洒 말쑥하고 멋스럽다, 시원스럽다, 스마트하다

💬 나이에 비해 많이 젊어 보이시는군요.

你比年龄年轻多了。

Nǐ bǐ nián líng nián qīng duō le

니비니엔링 니엔칭 뚸러

> 比 ~에 비하여, ~보다(도) (정도의 차이를 비교할 때 사용됨)

💬 아이가 참 귀엽군요!

这孩子真可爱。

Zhè hái zǐ zhēn kě ài

쩌하이즈 쩐커아이

💬 당신은 눈이 참 예쁘군요.

你的眼睛好漂亮啊。

Nǐ de yǎn jīng hǎo piāo liàng ā

니더옌징 하오퍄오량아

💬 신체가 좋습니다.
身体很好。
Shēn tǐ hěn hǎo
션티 헌하오

> 身体는 身材(shēncái)로
> 바꾸어 사용할 수 있다.

💬 건강해 보이시는군요.
看起来很健康。
Kàn qǐ lái hěn jiàn kāng
칸치라이 헌지엔캉

💬 어쩜 그렇게 날씬하세요?
你怎么那么苗条？
Nǐ zěn me nà me miáo tiáo
니 쩐머 나머 먀오탸오

💬 그거 참 잘 어울립니다.
这跟你很配。
Zhè gēn nǐ hěn pèi
쩌껀니 헌페이

> 配는 适合, 好看, 相称,
> 谐调 등으로 바꾸어 사용
> 할 수 있다.

💬 나는 당신에게 반했습니다.
我叫你迷住了。
Wǒ jiào nǐ mí zhù le
워쟈오니 미주러

💬 인기가 대단하시겠어요.
你这人肯定大有人气。
Nǐ zhèrén kěn dìng dà yǒu rén qì
니쩌런 컨띵 따여우런치

💬 사진보다 실물이 더 예쁘네요.
实物比照片更漂亮啊。
Shí wù bǐ zhào piàn gēng piāo liàng a
스우 비자오피엔 껑퍄오량아

Unit 4 능력 · 재주를 칭찬할 때

💬 기억력이 참 좋으시군요.

你的记忆力可真好。

Nǐ de jì yì lì kě zhēn hǎo

니더찌이리 커쩐하오

> 真은 好를 꾸며주는 부사
> 이며, 可를 써서 두 번 꾸
> 며주므로 더욱 강조된다.

💬 당신은 능력이 대단하시군요.

您真有能力呀。

Nín zhēn yǒu néng lì yā

닌 쩐여우 넝리야

💬 중국어를 훌륭히 구사하시는군요.

中国语说得真流利啊。

Zhōng guó yǔ shuō dé zhēn liú lì ā

쭝꿔위 숴더 쩐 리우리아

💬 그는 정말 머리가 좋아요.

他的头脑真好。

Tā de tóu nǎo zhēn hǎo

타더터우나오 쩐하오

> 「머리가 좋다」는 표현으로
> 는 聪明(cōngmíng), 聪
> 慧(cōnghuì) 등도 있다.

💬 그는 똑똑한 사람이에요.

他是个明智的人。

Tā shì ge míng zhì de rén

타스거 밍쯔더런

💬 그는 재치가 있어요.

他这人可巧了。

Tā zhèrén kě qiǎo le

타 쩌런 커챠오러

> 巧는 「재치(있다)」는 의미
> 외에도 「공교롭다」는 의미
> 로도 자주 사용된다.

💬 그녀는 소질이 있어요.

她挺有素质的。

Tā tǐng yǒu sù zhì de

타 팅여우 쑤즈더

💬 당신은 모르는 게 없군요.

你真是无所不知啊。

Nǐ zhēn shì wú suǒ bù zhī ā

니쩐스 우숴뿌즈아

중국 사람들은 네 글자로 말하기를 좋아한다. 꼭 사자성어가 아니라도 네 글자의 조합으로 말하는 것을 즐겨한다.

💬 못하는 게 없으시군요.

你真是无所不能啊。

Nǐ zhēn shì wú suǒ bù néng ā

니쩐스 우숴뿌넝아

Unit 5 그밖에 칭찬의 표현

💬 그거 잘 사셨군요.

你算是买对了。

Nǐ suàn shì mǎi duì le

니쏸스 마이뚜이러

💬 그거 정말 좋은데요.

那真的很好啊。

Nà zhēn de hěn hǎo ā

나 쩐더 헌하오아

💬 정말 근사한데요.

真是不错。

Zhēn shì bù cuò

쩐스 뿌춰

💬 멋진 집을 갖고 계시군요.
你的房子好漂亮啊。
Nǐ de fáng zǐ hǎo piāo liàng ā
니더팡즈 하오퍄오량아

보통 房子라고 하면 「집」
을 말하고, 房间이라고
하면 「방」을 말한다.

💬 그게 더 근사하네요.
那个更好一些。
Nà ge gēng hǎo yī xiē
나거 껑하오이씨에

💬 당신은 정말 친절하시네요.
您真亲切。
Nín zhēn qīn qiē
닌쩐 친치에

💬 당신은 참 부지런하시군요.
你真是太勤快了。
Nǐ zhēn shì tài qín kuài le
니쩐스타이 친콰이러

勤快는 勤劳(qínláo)
로 바꿔 써도 된다.

Unit 6 칭찬에 대한 응답

💬 칭찬해 주시니 고맙습니다.
谢谢您的夸奖。
Xiè xie nín de kuā jiǎng
씨에시에 닌더 콰쟝

💬 과찬의 말씀입니다.
您过奖了。
Nín guò jiǎng le
닌 꿔쟝러

Chapter 06 비난과 화해를 할 때

비난이나 상대를 험담하는 욕설 등의 표현은 실제로 사용하기보다는 알아두는 선에서 그치도록 합시다. 참고로 중국인들이 입버릇처럼 말하는 「傻瓜(shǎguā) 병신, 바보」, 「他妈的(tāmādē) 제기, 제기랄」, 「王八蛋(wángbādàn) 개자식」, 「二百五(èrbǎiwǔ) 천치, 멍청이」 등이 있습니다.

Unit 1 가볍게 비난할 때

💬 창피한 줄 아세요.

你不嫌丢脸吗?
Nǐ bù xián diū liǎn mà
니 뿌씨엔 띠우리엔마

💬 당신 정신 나갔어요?

你这人昏了头了?
Nǐ zhèrén hūn le tóu le
니쩌런 훈러터우러

💬 당신은 바보로군요.

你真是傻瓜。
Nǐ zhēn shì shǎ guā
니쩐스 싸과

傻瓜도 讨厌(tǎoyàn)과 마찬가지로 연인들 사이에서 반어적인 표현으로 많이 사용된다.

💬 당신 미쳤군요.

你疯了。
Nǐ fēng le
니펑러

💬 왜 이런 식으로 행동하죠?

你为什么做出这种行动?

Nǐ wèi shén me zuò chū zhè zhǒng xíng dòng

니 웨이션머 쭤추 쩌종씽똥

💬 거봐! 내가 뭐라고 했어?

你看，我说什么来着?

Nǐ kàn wǒ shuō shén me lái zhuó

니칸 워숴 션머라이줘

💬 그게 어쨌단 말이니?

你说那又怎么样?

Nǐ shuō nà yòu zěn me yàng

니숴 나여우 쩐머양

💬 당신이 뭐라도 되는 줄 아세요?

你以为你是老几呀?

Nǐ yǐ wèi nǐ shì lǎo jǐ yā

니이웨이 니스라오지야

> ☆ 以为 ~라고 여기다, ~인 줄 알다 (주로 자기의 생각이 사실과 다를 때 사용)

💬 그는 항상 그런 식이에요.

他总是这么个德性。

Tā zǒng shì zhè me ge dé xìng

타쭝스 쩌머거 더씽

💬 너도 마찬가지야!

你也是一路货色!

Nǐ yě shì yī lù huò sè

니예스 이루훠써

Unit 2 강하게 비난할 때

💬 저질!

缺德!
Quē dé
췌더

💬 바보 짓 하지마!

别做傻事了!
Bié zuò shǎ shì le
비에쮀 샤스러

💬 정말 뻔뻔하군!

太不要脸了!
Tài bù yào liǎn le
타이 부야오리엔러

💬 진짜 유치하군.

太幼稚了。
Tài yòu zhì le
타이 여우즈러

💬 그는 정말 멍청해.

他真是傻到家了。
Tā zhēn shì shǎ dào jiā le
타쩐스 샤따오쟈러

💬 뭐라고! 그래 그것도 몰라?

什么! 你连这个都不知道?
Shén me nǐ lián zhè ge dōu bù zhī dào
션머 니리엔쩌거 떠우뿌즈따오

> ☆ 连~都 구문은 「~조차도,
> ~마저도」라는 의미로 자주
> 쓰이는 구문이다.

💬 나를 바보로 취급하지 마세요.

别把我当成傻瓜。

Bié bǎ wǒ dāng chéng shǎ guā

비에바워 땅청싸과

傻瓜 바보

💬 당신 도대체 할 줄 아는 게 뭐예요?

你这人到底会做什么？

Nǐ zhèrén dào dǐ huì zuò shén me

니쩌런 따오디 후이쭤션머

到底 도대체

Unit 3 비난에 대응할 때

💬 난 그렇게 말한 적 없어.

我可没说过那种话。

Wǒ kě méi shuō guò nà zhǒng huà

워커 메이쉬궈 나종화

💬 내 탓 하지 마.

不要怪我！

Bù yào guài wǒ

부야오 꽈이워

怪 탓하다

💬 그 말을 들으니까 기분 나쁜데.

听见那话真来气。

Tīng jiàn nà huà zhēn lái qì

팅지엔나화 쩐라이치

💬 무슨 소리하는 거야?

你说什么？

Nǐ shuō shén me

니쉬 션머

💬 날 뭘로 생각하는 거야?

你把我当成什么人？

Nǐ bǎ wǒ dāng chéng shén me rén

니바워 땅청 션머런

(Unit 4) 다툴 때

💬 너 내 말대로 해!

你就听我的！

Nǐ jiù tīng wǒ de

니지우 팅워더

💬 그만 해줘, 좀 조용히 해!

算了吧，你们给我安静点！

Suàn le bā nǐ men gěi wǒ ān jìng diǎn

쏸러바 니먼 게이 워안찡디엔

💬 이봐요! 목소리 좀 낮춰요.

我说，你小点声好不好？

Wǒ shuō nǐ xiǎo diǎn shēng hǎo bù hǎo

워쒀 니 씨아오디엔성 하오부하오

> 동사의 긍정과 부정을 함께 사용하여 의문문을 만든다.

💬 바보 같은 소리하지 마세요.

不要尽说傻话了。

Bù yào jìn shuō shǎ huà le

부야오찐쒀 샤화러

💬 당신, 어떻게 그런 말을 할 수 있죠?

你，怎么能说那种话？

Nǐ zěn me néng shuō nà zhǒng huà

니 쩐머넝쒀 나중화

💬 당신한테 따질 게 있어요.

我有事跟你算帐。

Wǒ yǒu shì gēn nǐ suàn zhàng

워여우쓰 껀니쑤안장

💬 도대체 무엇 때문에 다투셨어요?

你们到底为什么吵架?

Nǐ mén dào dǐ wèi shén me chǎo jià

니먼 따오디 웨이션머 차오쟈

💬 너 두고 보자!

你等着瞧!

Nǐ děng zhe qiáo

니 떵저챠오

💬 내가 뭐가 틀렸다는 거야?

你说我有什么错?

Nǐ shuō wǒ yǒu shén me cuò

니쉬 워여우 션머춰

💬 네가 완전히 망쳤어.

你算毁了我了!

Nǐ suàn huǐ le wǒ le

니쑤안후이러 워러

💬 당신이 잘못한 거예요.

这都是你的错。

Zhè dōu shì nǐ de cuò

쩌떠우스 니더춰

> ☆ 都는 是와 연용(连用)하여 이유를 설명한다.

💬 잘못한 사람은 바로 당신이오.

做错的就是你!

Zuò cuò de jiù shì nǐ

쭤춰더 지우스니

💬 어떻게 그런 말을 할 수 있지요?

你怎么能说出这种话？

Nǐ zěn me néng shuō chū zhè zhǒng huà
니 쩐머넝 쉬추 쩌중화

💬 그래, 한번 붙어 보자!

好，咱们单挑吧！

Hǎo zán men dān tiāo bā
하오 짠먼 딴탸오바

「到+장소」는 「~에, ~로」라고 해석한다.

💬 덤벼!

放马过来吧！

Fàng mǎ guò lái bā
팡마꿔라이바

(Unit 5) 꾸중할 때

💬 넌 더 이상 내 친구가 아냐.

你再也不是我的朋友。

Nǐ zài yě bù shì wǒ de péng yǒu
니짜이예 부스 워더펑여우

再, 又(yòu)는 모두 「다시, 또」라는 의미이지만, 再는 장차 중복될 동작에 쓰이고, 又는 이미 중복된 동작에 쓰인다.

💬 다시는 절대 그러지 말게나.

你再也不要这么做了。

Nǐ zài yě bù yào zhè me zuò le
니짜이예 부야오 쩌머쭤러

💬 그런 법이 어디 있어요?

哪有这么个理儿？

Nǎ yǒu zhè me ge lǐér
나여우 쩌머거릴

💬 절대로 안 하겠습니다.

绝对不会的。

Jué duì bù huì de

쮀에뚜이 부후이더

「절대 안 그럴게요, 절대 그렇지 않을 거예요, 절대 그러지 않겠습니다」 등 상황에 따라 여러 가지로 해석이 가능하다.

💬 그거 네가 그랬지?

那是你的所为吧？

Nà shì nǐ de suǒ wèi bā

나스 니더 쉬웨이바

💬 당신 정신 나갔어요?

你昏了头了你？

Nǐ hūn le tóu le nǐ

니훈러 터우러니

💬 그런 식으로 말하지 마세요.

你不要对我这么说话。

Nǐ bù yào duì wǒ zhè me shuō huà

니 부야오뚜이워 쩌머쉬화

Unit 6 진정시킬 때

💬 흥분하지 마세요.

你不要激动。

Nǐ bù yào jī dòng

니 부야오 지뚱

💬 이제 됐어요.

这下好了。

Zhè xià hǎo le

쩌 씨아하오러

195

💬 왜 싸움은 말리지 않았어요?

你怎么没拉架?

Nǐ zěn me méi lā jià

니 쩐머메이 라쨔

💬 진정하세요.

镇静一下。

Zhèn jìng yī xià

쩐찡 이씨아

💬 진정해.

镇静点儿。

Zhèn jìng diǎnr

쩐찡 디알

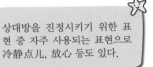

상대방을 진정시키기 위한 표현 중 자주 사용되는 표현으로 冷静点儿, 放心 등도 있다.

Unit 7 화해할 때

💬 두 사람 화해하세요.

你们俩和解吧。

Nǐ mèn liǎ hé jiě bā

니먼랴 허지에바

💬 그 일은 잊어버리세요.

就把那事给忘了吧。

Jiù bǎ nà shì gěi wàng le bā

찌우바나쓰 게이왕러바

💬 남자 대 남자로 이야기합시다.

咱们来一个男人之间的对话。

Zán mèn lái yī ge nán rén zhī jiān de duì huà

짠먼 라이이거난런즈지엔더 뚜이화

일상생활의
화제 표현

중국은 남한의 96배 면적의 땅을 갖고 있어서 기후도 다양할 수밖에 없습니다. 자연환경은 인간의 생활에 큰 영향을 미칩니다. 먹는 것과 입는 것, 집의 형태도 그 환경에 따라 달라집니다. 또한 그것들은 정신세계도 지배하게 됩니다. 여기서는 일상생활에서 흔히 부딪칠 수 있는 장면을 잘 익혀두어 교제의 폭을 넓히도록 합시다.

Chapter 01 가족에 대해서

중국의 가정은 기본적으로 다음과 같이 네 가지 유형으로 나누어집니다. 1. 독신가정(单身家庭): 한 사람만 생활한다. 2. 핵심가정(核心家庭): 부부 두 사람 및 미혼 자녀가 함께 생활한다. 3. 주간가정(主干家庭): 부부와 미성년 자녀 외에도 노인이 있으며 3대나 4대가 함께 생활한다. 4. 연합가정(联合家庭) : 하나의 대가정에 2대 이상이 있고, 동일한 세대 속에도 2개나 3개 이상의 소가정이 있으며 모두 함께 생활한다.

Unit 1 가족에 대해 물을 때

💬 가족은 몇 분이나 됩니까?

请问你家有几口人？

Qǐng wèn nǐ jiā yǒu jǐ kǒu rén
칭원 니쟈여우 지커우런

💬 식구는 많습니까?

家里人多吗？

Jiā lǐ rén duō mǎ
쟈리런 뚸마

💬 가족에 대해 좀 말씀해 주시겠습니까?

能谈谈您的家人吗？

Néng tán tán nín de jiā rén mǎ
넝탄탄 닌더쟈런마

198

🗨 부모님과 함께 사세요?

跟父母一起过吗?

Gēn fù mǔ yī qǐ guò mà
껀푸무 이치꿔마

🗨 형제가 몇 분이세요?

有几个兄弟?

Yǒu jǐ ge xiōng dì
여우지거쓩띠

🗨 당신 아버지는 무슨 일을 하십니까?

请问令尊在哪里高就?

Qǐng wèn lìng zūn zài nǎ lǐ gāo jiù
칭원 링준짜이나리 까오지우

令尊 춘부장, 당신 아버지

🗨 남편은 어떤 일을 하세요?

你先生做什么工作?

Nǐ xiān shēng zuò shén me gōng zuò
니셴셩 쭤셔머꿍줘

先生은 我先生(우리 남편),
你先生(당신 남편)처럼 「남
편」을 호칭한다.

🗨 부모님은 연세가 어떻게 되십니까?

请问双亲今年高寿?

Qǐng wèn shuāng qīn jīn nián gāo shòu
칭원 쑤앙친찐니엔 까오셔우

Unit 2　가족에 대해 대답할 때

🗨 우리 식구는 다섯 명입니다.

我家有五口人。

Wǒ jiā yǒu wǔ kǒu rén
워쟈여우 우커우런

Chapter 01 가족에 대해서

199

우리는 대가족입니다.

我们是大家族。

Wǒ mén shì dà jiā zú

워먼스 따쟈주

저는 부모님과 같이 살고 있습니다.

我跟父母一起过呢。

Wǒ gēn fù mǔ yī qǐ guò ne

워껀푸무 이치꿔너

난 독자예요. 당신은 어때요?

我是独生子，你呢？

Wǒ shì dú shēng zǐ nǐ ne

워스 두셩쯔 니너

우리 가족은 매우 화목해요.

我们一家非常和睦。

Wǒ mén yī jiā fēi cháng hé mù

워먼이쟈 페이창허무

> 이 문장에서 一는 「하나」라는 의미가 아니라, 「전체, 모두」의 의미이다.

저희 집은 대(소)가족입니다.

我家是个大(小)家族。

Wǒ jiā shì ge dà xiǎo jiā zú

워쟈스거 따(씨아오) 쟈주

부모님과 함께 사세요?

跟父母一起过吗？

Gēn fù mǔ yì qǐ guò mà

껀푸무 이치꿔마

할아버지도 함께 살고 있습니까?

爷爷也跟你们在一起吗？

Yé yé yě gēn nǐ mén zài yì qǐ mà

예예 예껀니먼 짜이이치마

> 「할아버지」는 爷爷, 祖父, 「할머니」는 奶奶, 祖母라고 한다.

💬 저는 부모님과 함께 살고 있습니다.

我跟父母一起过。

Wǒ gēn fù mǔ yì qǐ guò

워껀푸무 이치꿔

💬 친척들은 많이 있습니까?

你有多少亲戚?

Nǐ yǒu duō shǎo qīn qī

니여우뚸 샤오친치

💬 나는 삼촌과 이모가 있습니다.

我有叔叔，还有阿姨。

Wǒ yǒu shū shū hái yǒu ā yí

워여우 쑤수 하이여우 아이

「삼촌」은 叔叔, 「외삼촌」은 舅舅, 「고모」는 姑姑, 「이모」은 阿姨라고 한다.

💬 자주 모입니까?

常常聚在一起吗?

Cháng cháng jù zài yì qǐ mà

창창 쮜짜이이치마

Unit 3 자녀에 대해 묻고 답할 때

💬 아이들은 몇 명이나 됩니까?

你有几个孩子?

Nǐ yǒu jǐ ge hái zǐ

니여우 지거하이즈

「아이들」을 통칭해 孩子라고 하며, 「아들」은 儿子, 男孩儿이라고 하고, 「딸」은 女儿, 女孩儿이라고 한다.

💬 자녀들은 몇 살입니까?

子女多大了?

Zǐ nǚ duō dà le

즈뉘 뚸 따러

💬 애들 이름이 뭐죠?

孩子们叫什么名字?

Hái zǐ mèn jiào shén mè míng zì

하이즈먼 쟈오션머밍즈

💬 아들만 둘이고 딸은 없습니다.

有两个儿子，没有女儿。

Yǒu liǎng ge r zǐ méi yǒu nǚ r

여우량거얼즈 메이여우뉘얼

💬 애들은 학교에 다니나요?

孩子们上学了吗?

Hái zǐ mèn shàng xué le mà

히이즈먼 샹쒀러마

> 上은 「위에」라는 뜻도 있지만, 이 문장에서는 「가다」라는 의미로 사용되었다.

💬 아이는 언제 가질 예정입니까?

你们想什么时候要孩子?

Nǐ mèn xiǎng shén mè shí hòu yào hái zǐ

니먼씨앙 션머스허우 야오하이즈

💬 제 아들은 초등학생입니다.

我儿子是小学生。

Wǒ r zǐ shì xiǎo xué shēng

워얼즈스 씨아오쉐셩

💬 아이들이 셋 있어요. 딸 둘하고, 아들 하나입니다.

有三个孩子，两个女儿，一个儿子。

Yǒu sān ge hái zǐ liǎng ge nǚ er yī ge er zǐ

여우싼거하이즈 량거뉘얼 이거얼즈

💬 4살 된 아들 하나가 있습니다.

有一个四岁的儿子。

Yǒu yī ge sì suì de er zǐ

여우이거 쓰쒜이더 얼즈

형제 자매에 대해 말할 때

💬 형제나 자매가 있습니까?

有兄弟姐妹吗?

Yǒu xiōng dì jiě mèi mà

여우씨옹디지에메이마

💬 형이 둘 있는데 누나는 없어요.

有两个哥哥，没有姐姐。

Yǒu liǎng ge gē ge méi yǒu jiě jie

여우량거꺼거 메이여우 지에지에

有는 「있다」, 부정형은
没有이다.

💬 여동생은 올 해 몇 살 입니까?

妹妹今年多大?

Mèi mèi jīn nián duō dà

메이메이 진니엔 뚸다

나이를 물어볼 때는 几岁
라고 묻지만 윗사람에게는
多大라고 묻는 것이 좋다.

💬 누나는 회사에 다닙니다.

我姐姐在公司工作。

Wǒ jiě jiě zài gōng sī gōng zuò

워지에지에 짜이꽁스꽁쭤

일반적으로 「회사」는
公司라고 한다.

Chapter 02 직장에 대해서

중국에서 「关系(guānxi)」의 힘은 참으로 대단합니다. 关系는 「관계」 혹은 「인맥」이라 할 수 있겠습니다. 「인맥만 있으면 출세를 한다」라고 생각을 할 수도 있지만, 그런 관점이 아닌 중국사람들의 유대관계의 힘이 대단하다는 것입니다. 은혜를 입었다면, 그 은혜를 잊지 않고 갚으려는 마음이 매우 강하다는 것입니다.

Unit 1 직업을 묻고 말할 때

💬 **어떤 일을 합니까?**

你是做什么工作的?

Nǐ shì zuò shén me gōng zuò de
니스 쭤션머꽁쭤더

💬 **당신 직업이 무엇입니까?**

你的职业是什么?

Nǐ de zhí yè shì shén me
니더즈예 스션머

💬 **저는 장사를 합니다.**

我是商人。

Wǒ shì shāng rén
워스 샹런

💬 **당신을 뭘 하시는 분입니까?**

你是干什么的?

Nǐ shì gàn shén me de
니스 깐션머더

💬 저는 택시운전기사입니다.

我是出租汽车司机。

Wǒ shì chū zū qì chē sī jī

워스 추쭈치처 쓰지

💬 저의 직업은 의사입니다.

我的职业是医生。

Wǒ de zhí yè shì yī shēng

워더즈예스 이성

💬 저는 무역을 하는 사람입니다.

我是做贸易的。

Wǒ shì zuò mào yì de

워스 쭤마오이더

Unit 2 직장을 묻고 답할 때

💬 당신은 어디에서 근무하십니까?

您在哪儿工作?

Nín zài nǎr gōng zuò

닌짜이날 꽁쭤

💬 당신은 어느 회사에 근무하십니까?

您在哪个公司工作?

Nín zài nǎ ge gōng sī gōng zuò

닌짜이 나거꽁쓰 꽁쭤

💬 어디에 출근하십니까?

你在哪儿上班?

Nǐ zài nǎr shàng bān

니짜이날 샹빤

💬 결혼 후에도 계속 직장에 다닙니까?

你结婚以后还在上班吗?

Nǐ jié hūn yǐ hòu hái zài shàng bān mà

니 지에훈이허우 하이짜이샹빤마

以后는 「~한 후에」라는 의미로, 문장 뒤에 还와 함께 사용되면 「~한 후에 아직도」라는 의미로 사용된다.

💬 무슨 일을 하고 계십니까?

你是干什么的?

Nǐ shì gàn shén mé de

니스 깐션머더

(Unit 3)   출퇴근에 대해 말할 때

💬 몇 시에 출근합니까?

几点上班?

Jǐ diǎn shàng bān

지디엔샹빤

💬 지금 출근하십니까?

你现在上班吗?

Nǐ xiàn zài shàng bān mà

니씨엔짜이 샹빤마

💬 지각한 적은 없습니까?

你没有迟到过吗?

Nǐ méi yǒu chí dào guò mà

니메이여우 츠따오꿔마

过는 결과보어로 과거에 경험이 있음을 나타내며 「~한 적이 있다」로 해석한다.

💬 언제 퇴근합니까?

你什么时候下班?

Nǐ shén mé shí hòu xià bān

니 션머스허우 씨아빤

💬 집에서 회사까지 멉니까?
从家到公司远吗?
Cóng jiā dào gōng sī yuǎn mà
총쟈 따오꽁쓰 위엔마

💬 회사까지 가는 통근차가 있습니까?
有到公司的通勤车吗?
Yǒu dào gōng sī de tōng qín chē mà
여우따오꽁쓰더 통친처마

(Unit 4) 근무에 대해 말할 때

💬 잔업은 늘 합니까?
经常加班吗?
Jīng cháng jiā bān mà
징창 쟈빤마

💬 하루에 몇 시간씩 일합니까?
一天工作几个小时?
Yī tiān gōng zuò jǐ ge xiǎo shí
이티엔꽁쭤 지거 씨아오시

> 几点(jǐdiǎn) 몇 시(시각을 나타냄), 几个小时 몇 시간(시간의 양을 나타냄)

💬 토요일은 반나절만 일합니다.
星期六，只上半天班。
Xīng qī liù zhǐ shàng bàn tiān bān
씽치리우 즈샹 빤티엔빤

💬 당신네 회사에서는 늘 잔업을 합니까?
你们公司经常加班吗?
Nǐ mèn gōng sī jīng cháng jiā bān mà
니먼꽁쓰 징창 쟈빤마

> 经常 늘, 언제, 항상

💬 잔업을 하면 힘은 들지만 잔업수당이 있습니다.

加班累是累，但有加班费。

Jiā bān lèi shì lèi dàn yǒu jiā bān fèi
쟈빤 레이스레이 딴여우 쟈빤페이

💬 어제는 2시간 잔업을 했습니다.

昨天加了两个小时班。

Zuó tiān jiā le liǎng ge xiǎo shí bān
쭤티엔 쟈러 량거 씨아오쓰빤

(Unit 5) 급료에 대해 말할 때

💬 한 달에 월급은 얼마입니까?

一个月工资是多少？

Yī ge yuè gōng zī shì duō shǎo
이거위에꽁즈 스뛰 샤오

💬 교통비는 실비로 지급합니다.

交通费是实报实销的。

Jiāo tōng fèi shì shí bào shí xiāo de
쟈오통페이 스스빠오 스 씨아오더

💬 시간외 근무는 잔업수당이 있습니다.

加班就有加班费。

Jiā bān jiù yǒu jiā bān fèi
쟈빤 지우여우 쟈빤페이

💬 출장시에는 출장수당이 있습니다.

出差时有出差费。

Chū chāi shí yǒu chū chāi fèi
추차이스 여우추차이페이

Unit 6 휴가에 대해 말할 때

💬 매주 이틀 간 쉽니다.

每星期休息两天。

Měi xīng qī xiū xī liǎng tiān

메이씽치 씨우시 량티엔

💬 이번 휴가는 며칠 쉽니까?

这次休几天假？

Zhè cì xiū jǐ tiān jià

쩌츠씨우 지티엔쟈

💬 이번 휴가를 어떻게 보내실 겁니까?

这次休假你打算怎么过？

Zhè cì xiū jià nǐ dǎ suàn zěn mé guò

쩌츠씨우쟈 니따쏸 쩐머꿔

💬 여름 휴가가 있습니까?

有暑假吗？

Yǒu shǔ jià mà

여우수쟈마

假(jià) 거짓, 가짜 假 (jiǎ) 휴가, 휴일

💬 여름에는 일주일 휴가가 있습니다.

夏天有一个星期的假期。

Xià tiān yǒu yī ge xīng qī de jià qī

씨아티엔 여우이거씽치더 쟈치

Chapter 03 학교에 대해서

유아원(幼儿园)은 3세 이상의 취학 연령 전의 아동을 모집하며 만 6세에 초등학교(小学)에 입학합니다. 초등학교(小学)와 중학교(初中)의 학제는 「6, 3제」와 「5, 4제」를 위주로 합니다. 고등학교(普通高中)의 학제는 3년이며, 대학의 본과 학제는 일반적으로 4년이고 일부 이공대학은 5년이며, 의과대학은 5년과 7년 두 종류의 학제가 있습니다. 대학원의 학제는 2, 3년인데 석사 연구생의 수업 기한은 2, 3년이고 박사 연구생은 일반적으로 3년입니다.

Unit 1 학교 · 학생에 대해 말할 때

💬 당신은 학생입니까?

你是上学的吗?

Nǐ shì shàng xué de mà

니스 샹쉐더마

> 上은 회사나 학교를 다닌다는 의미로 쓰인다.

💬 당신은 학생이지요?

你是学生吧?

Nǐ shì xué shēng ba

니스 쉐셩바

💬 당신은 대학생입니까?

你是大学生吗?

Nǐ shì dà xué shēng mà

니스 따쉐셩마

💬 당신은 대학생입니까?

你是不是大学生?

Nǐ shì bú shì dà xué shēng

니스부스 따쉐셩

💬 어느 학교에 다니십니까?

请问你上哪个学校?

Qǐng wèn nǐ shàng nǎ ge xué xiào

칭원 니샹 나거쉐씨아오

💬 어느 대학에 다니십니까?

上哪个大学?

Shàng nǎ ge dà xué

샹 나거따쉐

💬 저는 서울대학생입니다.

我是首尔大学的。

Wǒ shì shǒu ěr dà xué de

워스 셔우얼따쉐더

💬 어느 학교를 졸업하셨습니까?

哪个学校毕业的?

Nǎ ge xué xiào bì yè de

나거쉐씨아오 삐예더

💬 몇 년도에 졸업했습니까?

哪年毕业的?

Nǎ nián bì yè de

나니엔 삐예더

💬 몇 학년이세요?

几年级了?

Jǐ nián jí le

지니엔지러

💬 대학교 4학년입니다.

大学四年级。

Dà xué sì nián jí

따쉐 쓰니엔지

보통 교육부가 관할하는 종합대학을 「대학」이라 하며, 후자의 경우에는 「학원」이라고 하는 경우가 많은데, 외국어 계통의 단과대학은 교육부의 관할일 지라도 「학원」이라고 부르는 경향이 많다

Unit 2   학위와 전공에 대해 말할 때

💬 무얼 전공하십니까?

你是哪个专业的?

Nǐ shì nǎ ge zhuān yè de

니스 나거 쫜예더

💬 어떤 학위를 가지고 계십니까?

请问你有什么学位?

Qǐng wèn nǐ yǒu shén me xué wèi

칭원 니여우 션머쉐웨이

💬 학교 때 전공이 무엇이었습니까?

大学时候是什么专业?

Dà xué shí hòu shì shén me zhuān yè

따쉐스허우 스션머 쫜예

💬 그는 대학중퇴자입니다.

他是大学肄业生。

Tā shì dà xué yì yè shēng

타스 따쉐이예셩

💬 교육학을 전공하고 있습니다.

我专攻教育学呢。

Wǒ zhuān gōng jiào yù xué ne

워 쫜꽁 쟈오위쉐너

중국 대학의 수업과정에 있어서는 전공 위주의 필수 과목이나 전공선택이 대부분이며, 교양선택은 비중이 크지 않다

Unit 3 학교생활에 대해 말할 때

💬 매일 4교시가 있습니다.

每天有四节课。

Měi tiān yǒu sì jié kè

메이티엔여우 쓰지에커

💬 과외활동은 어때요?

课外活动怎么样?

Kè wài huó dòng zěn mè yàng

커와이훠뚱 쩐머양

💬 아르바이트를 하고 있나요?

你正在打工吗?

Nǐ zhèng zài dǎ gōng mà

니쩡짜이 따꿍마

💬 중국에서는 시험경쟁이 치열합니까?

在中国升学竞争激烈吗?

Zài zhōng guó shēng xué jìng zhēng jī lèi mà

짜이쭝꿔 셩쉐징쩡 지 리에마

💬 어떤 동아리활동을 하고 있니?

你加入什么团体活动?

Nǐ jiā rù shén mè tuán tǐ huó dòng

니쟈루 셔머퇀티 훠둥

> ☆ 加入는 어떤 단체나 소속에 가입하다라는 의미로 쓰인다.

💬 선생님이 매일 숙제를 내줍니다.

老师每天留家庭作业。

Lǎo shī měi tiān liú jiā tíng zuò yè

라오스 메이티엔 리우쟈팅 쮜예

💬 시험이 임박했어요.

眼看就考试了。

Yǎn kàn jiù kǎo shì le

옌칸 지우카오스러

就은「곧, 이제」라는
부사로써 어떤 상황에
다다랐음을 나타낸다.

💬 시험결과는 어떻게 되었나요?

考试结果怎么样了?

Kǎo shì jié guǒ zěn me yàng le

카오스지에궈 쩐머양러

💬 공부를 해야겠어요.

我得做功课。

Wǒ děi zuò gōng kè

워데이 쭤꿍커

💬 게시판에 뭐라고 씌어 있는 거예요?

那告示板里写着什么?

Nà gào shì bǎn lǐ xiě zhe shén me

나까오쓰반리 씨에져션머

💬 수업이 곧 시작됩니다.

快开始上课了。

Kuài kāi shǐ shàng kè le

콰이카이스 샹커러

快 ~了 곧 ~하려고 하다

214

Chapter 04 거주와 주거에 대해서

중국인의 자연관과 우주관에 바탕을 둔 특유의
공간개념은 정형과 비정형의 이중적 구조로 형
상화되어 있으며, 대가족 공동생활은 공간사용
에 있어서도 장유유서의 위계와 남녀의 구별이
철저히 지켜졌다고 합니다. 안마당을 중심으로
여러 채의 건물이 그 주변을 둘러싸는 내향적인
공간구성이 특징이며 주택 내, 외부 구별이 엄격하며 건물은 대칭적으
로 배치되어 있습니다.

Unit 1 고향에 대해 말할 때

💬 고향은 어디입니까?

你的家乡是哪儿?
Nǐ de jiā xiāng shì nǎr
니더쟈씨앙 스날

💬 제 고향은 작은 시골에 있습니다.

我的老家在一个小山村。
Wǒ de lǎo jiā zài yī ge xiǎo shān cūn
워더라오쟈 짜이이거 씨아오샨춘

💬 제 고향은 하얼빈입니다.

我的家乡是哈尔滨。
Wǒ de jiā xiāng shì hā ěr bīn
워더쟈씨앙 스하얼삔

💬 제 고향은 아주 아름답습니다.

我的家乡很美丽。
Wǒ de jiā xiāng hěn měi lì
워더쟈씨앙 헌메이리

215

💬 어디서 오셨습니까?
您从什么地方来的?
Nín cóng shén mè dì fāng lái de
닌총 션머디팡 라이더

「고향」이라는 표현은 老家, 家乡 등이 있다.

Unit 2   거주지를 물을 때

💬 집은 어디에 있습니까?
你家在哪儿?
Nǐ jiā zài nǎr
니쟈 짜이날

💬 당신은 어디서 삽니까?
你家住哪儿?
Nǐ jiā zhù nǎr
니쟈 주날

💬 이 근처에 살고 있어요.
住在这附近。
Zhù zài zhè fù jìn
쭈짜이 쩌푸진

💬 그곳에서 얼마나 사셨어요?
你在那儿住多久了?
Nǐ zài nà r zhù duō jiǔ le
니짜이날 쭈뚸지우러

💬 당신의 집은 회사에서 멉니까?
你家离公司远吗?
Nǐ jiā lí gōng sī yuǎn mà
니쟈 리꽁스 위엔마

🗨 당신 집까지 가는 데 얼마나 시간이 걸립니까?

去你家需要多长时间?

Qù nǐ jiā xū yào duō cháng shí jiān

취니쟈 쉬야오 뚸창스지엔

🗨 저희 집 주변은 시끄러워요.

我家附近可闹了。

wǒ jiā fù jìn kě nào le

워쟈푸진 커나오러

🗨 저는 교통이 편한 곳에 살고 있습니다.

我住在交通方便的地方。

Wǒ zhù zài jiāo tōng fāng biàn de dì fāng

워쭈짜이 쟈오통팡비엔더 디팡

(Unit 3) 집안의 시설을 물을 때

🗨 아파트입니까, 단독주택입니까?

你家是公寓还是独门宅院?

Nǐ jiā shì gōng yù hái shì dú mén zhái yuàn

니쟈스꽁위 하이스 두먼자이위엔

🗨 당신 집은 방이 몇 개입니까?

你家有几个房间?

Nǐ jiā yǒu jǐ ge fáng jiān

니쟈여우 지거팡지엔

🗨 우리 집은 방 3개, 거실이 하나입니다.

我的房子是三室一厅。

Wǒ de fáng zǐ shì sān shì yì tīng

워더팡즈스 산스이팅

💬 부엌이 아주 깨끗하군요.

厨房很干净。

Chú fáng hěn gān jìng

추팡 헌깐징

💬 방을 아주 아담하게 꾸몄군요.

房间布置得很温馨。

Fáng jiān bù zhì dé hěn wēn xīn

팡지엔 뿌즈더 헌원씬

💬 한국사람들은 남향집을 좋아합니다.

韩国人喜欢朝南的房子。

Hán guó rén xǐ huan cháo nán de fáng zǐ

한궈런 씨환 챠오난더 팡즈

💬 화장실이 어디에 있습니까?

洗手间在哪儿?

Xǐ shǒu jiān zài nǎr

시셔우지엔 짜이날

💬 정원에 꽃이 많이 피었군요.

院子里开满了花儿。

yuàn zi lǐ kāi mǎn le huāér

위엔즈리 카이만러 활

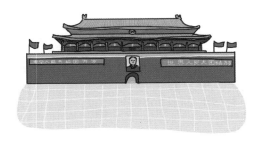

Chapter 05 나이와 결혼에 대해서

중국은 지역별로 결혼절차나 결혼식 때 먹는 음식이 다른 경우가 많습니다. 하지만 공통적인 것은 결혼식 전통 복장은 빨간색 의상이라는 것입니다. 또한 우리처럼 예식장에서 결혼식을 올리지 않고 식당에서 결혼식을 올립니다. 요즘 중국의 결혼 풍습은 많이 간소화되어서 간단한 결혼축하연(喜宴)을 하거나 간단한 다과회로 결혼식을 하는 경우도 있습니다.

Unit 1 나이에 대해 물을 때

💬 몇 살이세요?

多大了?
Duō dà le
뚸따러

💬 나이를 여쭤 봐도 될까요?

打听岁数不失礼吧?
Dǎ tīng suì shù bù shī lǐ bā
따팅쑤이슈 뿌쓰리바

💬 나이가 어떻게 되십니까?

请问你多大岁数?
Qǐng wèn nǐ duō dà suì shù
칭원 니 뚸따 쑤이수

💬 그들은 몇 살이죠?

他们多大了?
Tā mèn duō dà le
타먼 뚸 따러

💬 그가 몇 살인지 물어봐도 될까요?

我可以问他多大岁数吗?

Wǒ kě yǐ wèn tā duō dà suì shù mǎ

워커이 원타 따뛰 쑤이수마

💬 당신의 나이를 알려 주시겠습니까?

可以告诉我你的岁数吗?

Kě yǐ gào sù wǒ nǐ de suì shù mǎ

커이 까오쑤워 니더 쑤이수마

Unit 2   나이에 대해 대답할 때

💬 서른 다섯입니다.

三十五了。

Sān shí wǔ le

싼스우러

💬 20대 초반입니다.

刚过二十岁。

Gāng guò èr shí suì

깡꿔 얼스쑤이

💬 30대 후반입니다.

三十多快四十了。

Sān shí duō kuài sì shí le

싼스 뚸콰이쓰스러

💬 40대입니다.

我四十多了。

Wǒ sì shí duō le

워 쓰스 뚸러

💬 저와 동갑이군요.

你和我同岁呀。

Nǐ hé wǒ tóng suì yā

니허워 통쑤이야

💬 저보다 3살 위이군요.

比我大三岁呀。

Bǐ wǒ dà sān suì yā

비워따 싼쑤이야

나이를 비교할 때「~보다 ~살 많다」의 경우 多(duō)를 쓰지 않고 大(dà)를 사용하므로 주의할 것. 「~보다 ~살 어리다(작다)」의 경우는 小(xiǎo)를 사용한다.

💬 제가 몇 살인지 추측해 보세요.

你猜猜我有多大。

Nǐ cāi cāi wǒ yǒu duō dà

니차이차이 워여우 뚸따

💬 당신은 나이보다 젊어 보입니다.

你显得比岁数年轻。

Nǐ xiǎn dé bǐ suì shù nián qīng

니씨엔더 비쑤이수 니엔칭

Unit 3 생일에 대해 말할 때

💬 생일이 언제입니까?

生日是什么时候?

Shēng rì shì shén me shí hòu

셩르스 션머스허우

💬 언제 태어났습니까?

什么时候出生的?

Shén me shí hòu chū shēng de

션머쓰허우 추셩더

💬 몇 년도에 태어나셨어요?

哪年出生？

Nǎ nián chū shēng

나니엔 추성

💬 며칠에 태어났어요?

你几何生日？

Nǐ jǐ hé shēng rì

니 지허셩르

💬 생일은 몇 월 며칠입니까?

你的生日是几月几号？

Nǐ de shēng rì shì jǐ yuè jǐ hào

니더셩르 스지위에지하오

💬 오늘 당신 생일이 아닌가요?

今天不是你的生日吗？

Jīn tiān bù shì nǐ de shēng rì ma

진티엔 부스 니더셩르마

(Unit 4) 결혼에 대해 묻고 답할 때

💬 결혼하셨습니까?

请问，你结婚了吗？

Qǐng wèn nǐ jié hūn le ma

칭원 니 지에훈러마

💬 언제 결혼을 하셨습니까?

什么时候成家的？

Shén me shí hòu chéng jiā de

션머스허우 청쟈더

💬 결혼한 지 얼마나 됐습니까?

结婚多长时间了?

Jié hūn duō cháng shí jiān le

지에훈 뚜어창스지엔러

💬 언제 결혼할 예정입니까?

打算什么时候结婚?

Dǎ suàn shén me shí hòu jié hūn

따쏸 션머스허우 지에훈

💬 당신은 기혼입니까, 미혼입니까?

请问你是已婚还是未婚?

Qǐng wèn nǐ shì yǐ hūn hái shì wèi hūn

칭원 니스이훈 하이스웨이훈

💬 신혼부부이시군요.

还是个新婚夫妻嘛。

Hái shì ge xīn hūn fū qī má

하이스거 씬훈푸치마

💬 독신입니다.

我是单身。

Wǒ shì dān shēn

워스딴션

💬 저는 이미 결혼했습니다.

我已经结婚了。

Wǒ yǐ jīng jié hūn le

워이징 지에훈러

💬 저는 신혼입니다.

我是新婚。

Wǒ shì xīn hūn

워스 씬훈

💬 그 여자하고 언제 결혼할 겁니까?

你打算什么时候跟她结婚？

Nǐ dǎ suàn shén me shí hòu gēn tā jié hūn

니따쏸 션머스허우 껀타지에훈

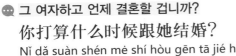

打算~는 「~할 계획이다,
~할 셈이다.」라는 의미로
예정을 표현할 때 사용된다.

💬 당신은 기혼입니까, 미혼입니까?

请问你是已婚还是未婚？

Qǐng wèn nǐ shì yǐ hūn hái shì wèi hūn

칭원 니스이훈 하이스웨이훈

중국어를 발음할 때에는 연음이라는 것
이 없다. 즉 소리가 이어지지 않고 하나
하나 또박또박 발음해야 한다는 말이다.
또한 성조도 정확하게 발음해야 한다. 예
를 들어, 「말해주다, 알려주다」는 의미의
告诉(gào su)를 (gào sù)로 발음하면 「고
소하다, 고발하다」는 의미가 된다.

Unit 5 이혼 · 재혼에 대해 말할 때

💬 별거중입니다.

我们正在分居。

Wǒ mén zhèng zài fēn jū

워먼 쩡짜이 펀쥐

💬 이혼했습니다.

我离婚了。

Wǒ lí hūn le

워 리훈러

💬 우리는 이혼할 예정입니다.

我们打算离婚。

Wǒ mén dǎ suàn lí hūn

워먼 따쑤안 리훈

💬 그는 최근에 재혼했습니다.

他最近刚再婚。

Tā zuì jìn gāng zài hūn

타 쭈이찐 깡짜이훈

Chapter 06 취미에 대해서

취미는 중국어로 爱好(àihǎo), 兴趣(xìngqù)라고
합니다. 중국어의 단어 조합은 「동사+목적어」 형
태입니다. 만약 취미가 「음악듣기」라면 「听(tīng
듣다)+音乐(yīnyuè 음악)」로 표현합니다. 중국어
의 동사는 영어나 한국어처럼 동사의 변화가 없
기 때문에 문장을 만들거나 말을 할 때 어순만
맞춘다면 비교적 쉽게 문장을 만들 수 있습니다.

Unit 1 취미와 흥미를 물을 때

💬 취미는 무엇입니까?
你的爱好是什么?
Nǐ de ài hǎo shì shén me
니더아이하오 스션머

💬 취미를 물어도 될까요?
请问有什么趣味?
Qǐng wèn yǒu shén me qù wèi
칭원 여우션머 취웨이

> 请问은 「실례합니다」라는
> 뜻으로 질문을 하기에 앞서
> 표현하는 겸양어이다.

💬 무엇을 수집하십니까?
你收集什么?
Nǐ shōu jí shén me
니쇼우지 션머

💬 음악감상을 좋아하세요?
你爱听音乐吗?
Nǐ ài tīng yīn yuè ma
니아이 팅인위에마

225

💬 어떤 악기를 다루십니까?
你会哪些乐器？
Nǐ huì nǎ xiē yuè qì
니후이 나씨에위에치

💬 제 취미는 독서입니다.
我的爱好是读书。
Wǒ de ài hǎo shì dú shū
워더아이하오스 두수

💬 제 취미는 음악감상입니다.
我爱好听音乐。
Wǒ ài hào tīng yīn yuè
워아이하오 팅인위에

> 爱好는 기호나 취미라는 뜻으로
> 만 쓰이는데 반해, 嗜好(shìhào)
> 는 악습관이나 취미의 정도가 지
> 나친 경우에도 사용한다.

💬 가끔 볼링을 칩니다.
我有时打保龄球。
Wǒ yǒu shí dǎ bǎo líng qiú
워여우스 따빠오링치우

💬 나는 낚시를 좋아합니다.
我喜欢钓鱼。
Wǒ xǐ huan diào yú
워씨환 오위

💬 대단히 좋은 취미를 가지셨군요.
你有挺不错的爱好。
Nǐ yǒu tǐng bù cuò de ài hǎo
니여우 팅부춰더 아이하오

💬 사람마다 각자의 취미가 있습니다.

人们都有各自喜好。

Rén mén dōu yǒu gè zì xǐ hǎo

런먼 떠우여우 꺼즈시하오

💬 저의 취미는 다양해요.

我的兴趣很广泛。

Wǒ de xìng qù hěn guǎng fàn

워더씽취 헌꽝판

广泛은 범위가 넓음을
나타내는 형용사이다.

💬 취미는 사람마다 다릅니다.

青菜萝卜各有所好。

Qīng cài luó bǔ gè yǒu suǒ hào

칭차이뤄뿌 꺼여우쉬하오

💬 저는 그런 일에는 별로 취미가 없습니다.

我对那些事没什么兴趣。

Wǒ duì nà xiē shì méi shén mè xìng qù

워뚜이 나씨에스 메이션머 씽취

💬 나는 등산을 좋아하게 되었습니다.

我喜欢上了登山。

Wǒ xǐ huan shàng le dēng shān

워씨환 샹러떵샨

💬 나는 배드민턴 치는 것을 좋아합니다.

我喜欢打羽毛球。

wǒ xǐ huan dǎ yǔ máo qiú

워씨환 따 위마오치우

💬 흥미를 가지게 되었습니다.

产生了兴趣。

Chǎn shēng le xìng qù

챤셩러 씽취

💬 나는 낚시에 흥미가 생겼습니다.

我喜欢上了钓鱼。

Wǒ xǐ huan shàng le diào yú

워씨환 샹러 오위

💬 물론 많은 취미가 있지만, 제일 즐기는 건 독서입니다.

虽然有很多爱好，但最喜欢的是看书。

Suī rán yǒu hěn duō ài hào dàn zuì xǐ huan de shì kàn shū

쑤이란 여우헌 뚸아이하오 딴 쭈이씨환더스 칸쑤

💬 취미에 너무 몰두하지 마세요.

不要太沉醉在自己的兴趣里。

Bù yào tài chén zuì zài zì jǐ de xìng qù lǐ

뿌야오 타이천쭈이짜이 즈지더 씽취리

「虽然~，但~」은 「비록~하지만 ~한다」라는 의미의 접속사 조합으로 자주 쓰인다.

Chapter 07 여가와 오락에 대해서

중국의 대표적인 오락으로는 마작(麻雀)이 있습니다. 마작은 중국에서 명절 때도 많이 하지만 우리나라의 장기처럼 평상시에도 친목도모를 위해 많이 하는 놀이입니다. 한국에서는 장기를 남자들이 주로 하지만, 중국에서 마작은 여자들도 많이 즐기는 놀이입니다. 마작은 중국에서 전해온 실내 놀이의 한 가지로 네 사람이 136개의 패(牌)를 가지고 짝을 맞추는 놀이입니다.

Unit 1　여가에 대해 물을 때

💬 주말에는 주로 무엇을 합니까?

周末主要干什么?
Zhōu mò zhǔ yào gàn shén me
조우머 주야오 깐션머

💬 여가를 어떻게 보내세요?

你怎么打发闲暇?
Nǐ zěn me dǎ fā xián xiá
니쩐머 따파시엔씨아

💬 기분전환으로 무얼 하십니까?

你用什么转换心情?
Nǐ yòng shén me zhuǎn huàn xīn qíng
니용션머 쫜환신칭

💬 주말에 무슨 계획이 있으세요?

周末有什么计划吗?
Zhōu mò yǒu shén me jì huá mǎ
조우머 여우션머 지화마

229

💬 휴일에 무얼 하실 겁니까?

假日打算干什么?

Jiǎ rì dǎ suàn gàn shén me

쟈르 따쏸 깐션머

💬 일과 후에 무엇을 하세요?

工作之余干什么?

Gōng zuò zhī yú gàn shén me

꽁쭤즈위 깐션머

💬 그저 집에 있을 겁니다.

我打算待在家里。

Wǒ dǎ suàn dài zài jiā lǐ

워따쑤안 따이짜이쟈리

(**Unit 2**) 유흥을 즐길 때

💬 좋은 나이트클럽은 있나요?

有好夜总会吗?

Yǒu hǎo yè zǒng huì mǎ

여우하오 예종후이마

💬 인기가 있는 디스코텍은 어디입니까?

最受欢迎的迪厅是哪里?

Zuì shòu huan yíng de dí tīng shì nǎ lǐ

쭈이쇼우환잉더 디팅스나리

> 受는 「받다」라는 의미의 동사로써, 예로는 受帮助, 受优待등이 있다.

💬 디너쇼를 보고 싶은데요.

想看晚会。

Xiǎng kàn wǎn huì

씨앙칸 완후이

💬 이건 무슨 쇼입니까?

这是什么演出?

Zhè shì shén me yǎn chū

쩌스 션머옌추

💬 무대 근처 자리로 주시겠어요?

能给我离舞台近的座位吗?

Néng gěi wǒ lí wǔ tái jìn de zuò wèi må

넝게이워 리우타이 진더쭤웨이마

💬 (클럽에서) 어떤 음악을 합니까?

都有什么音乐?

Dōu yǒu shén me yīn yuè

떠우여우 션머인위에

💬 함께 춤추시겠어요?

能和我一起跳舞吗? 跳舞。

Néng hé wǒ yī qǐ tiào wǔ må tiào wǔ

넝허워 이치 탸오우마 탸오우

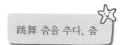
跳舞 춤을 추다, 춤

💬 젊은 사람이 많습니까?

年轻人多吗?

Nián qīng rén duō må

니엔칭런 뚸마

💬 어서 오십시오. 몇 분이십니까?

欢迎光临，几位?

Huan yíng guāng lín jǐ wèi

환잉꾸왕린 지웨이

💬 무엇을 드시겠습니까?
要吃(喝)点儿什么?
Yào chī hē diǎnér shén mè
야오츠(허)디알 션머

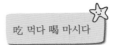
吃 먹다 喝 마시다

💬 한국 노래는 있습니까?
有韩国歌吗?
Yǒu hán guó gē mà
여우 한궈꺼마

💬 무슨 노래를 부르실래요?
你唱什么歌?
Nǐ chàng shén mè gē
니창 션머꺼

歌 노래를 부르다, 노래

💬 한국 노래를 할 줄 아세요?
你会唱韩国歌吗?
Nǐ huì chàng hán guó gē ma
니후이창 한궈꺼마

💬 노래를 잘 하시는군요.
您唱的真好。
Nín chàng de zhēn hǎo.
닌창더 쩐하오

Unit 3　오락을 즐길 때

💬 카지노는 몇 시부터 합니까?
赌场从几点开始?
Dǔ chǎng cóng jǐ diǎn kāi shǐ
뚜창 총지디엔 카이스

💬 좋은 카지노를 소개해 주십시오.
请给我介绍好赌场。
Qǐng gěi wǒ jiè shào hǎo dǔ chǎng
칭게이워 지에샤오 하오뚜창

💬 카지노는 아무나 들어갈 수 있습니까?
赌场谁都可以进吗？
Dǔ chǎng shéi dōu kě yǐ jìn mà
뚜창 쉐이떠우 커이찐마

💬 칩은 어디서 바꿉니까?
币子在哪儿换？
Bì zǐ zài nǎr huàn
삐즈 짜이날환

💬 현금으로 주세요.
请给我现金。
Qǐng gěi wǒ xiàn jīn
칭게이워 씨엔진

💬 쉬운 게임은 있습니까?
有没有容易点的游戏？
Yǒu méi yǒu róng yì diǎn de yóu xì
여우메이여우 롱이디엔더 여우시

(**Unit 4** 레저를 즐길 때)

💬 스키를 타고 싶은데요.
我想滑雪。
Wǒ xiǎng huá xuě
워씨앙 화쉐

💬 레슨을 받고 싶은데요.

我想受训。
Wǒ xiǎng shòu xùn
워씨앙 셔우쉰

💬 스키용품은 어디서 빌릴 수 있나요?

滑雪用具在哪儿可以借？
Huá xuě yòng jù zài nǎr kě yǐ jiè
화쉐용쮜 짜이날 커이지에

💬 리프트 승강장은 어디인가요?

滑雪升降机在哪里？
Huá xuě shēng jiàng jī zài nǎ lǐ
화쉐성쟝지 짜이나리

💬 짐은 어디에 보관하나요?

行李在哪儿保管？
Xíng lǐ zài nǎr bǎo guǎn
싱리 짜이날 바오꽌

💬 어떤 종류의 쿠루징이 있습니까?

都有什么种类的船？
Dōu yǒu shén me zhǒng lèi de chuán
떠우여우 선머종레이더 촨

💬 승마를 배운 지는 얼마나 됐습니까?

你学乘马学了多长时间？
Nǐ xué chéng mǎ xué le duō cháng shí jiān
니쉐청마 쉐러 뚜어창스지엔

💬 바닷가에 가서 해수욕을 합니다.

去海滩洗海水浴。
Qù hǎi tān xǐ hǎi shuǐ yù
취하이탄 시하이쉐이위

(Unit 5) 여행을 즐길 때

💬 나는 여행을 좋아합니다.

我喜欢旅行。

Wǒ xǐ huan lǚ xíng

워씨환 뤼씽

喜欢 좋아하다

💬 해외여행을 가신 적이 있습니까?

你到过海外旅游吗?

Nǐ dào guò haǐ wài lǚ yóu mà

니따오궈 하이와이뤼여우마

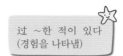
过 ~한 적이 있다
(경험을 나타냄)

💬 해외여행은 이번이 처음입니다.

到海外这是第一次。

Dào haǐ wài zhè shì dì yī cì

따오하이와이 쩌스 띠이츠

서수를 나타낼 때는 숫
자 앞에 第를 붙인다.

💬 그곳에 얼마나 계셨습니까?

你在那里逗留了多长时间?

Nǐ zài nà lǐ dòu liú le duō cháng shí jiān

니짜이나리 떠우리우러 뛰창스지엔

逗留 머물다, 체류하다

💬 언젠가 세계일주를 하고 싶어요.

我想找机会周游世界。

Wǒ xiǎng zhǎo jī huì zhōu yóu shì jiè

워씨앙 자오지후이 조우여우스지에

💬 여행은 어땠어요?

旅行怎么样?

Lǚ xíng zěn me yàng

뤼씽 쩐머양

💬 여행은 즐거우셨나요?

旅途愉快吗?

Lǚ tú yú kuài mà

뤼투 위콰이마

Chapter 08

예술과 문화생활에 대해서

영상매체를 보거나 들을 때 필요한 것들을 알아 봅시다. CD플레이어– 激光唱机(jīguāngchàngjī), 레코드 플레이어– 电唱机(diànchàngjī), 텔레비전– 电视(机)(diànshì(jī)), 비디오– 录影机 (lùyǐngjī), 길거리에서 판매하는 테이프는 해적판 (盗版)이 많고 가격이 싼 대신 품질이 좋지 않습니다.

Unit 1 음악에 대해 말할 때

💬 어떤 음악을 가장 좋아하십니까?

你最爱听什么样的音乐?

Nǐ zuì ài tīng shén mè yàng de yīn yuè

니쭈이아이팅 션머양더 인위에

💬 음반을 많이 갖고 계십니까?

你有许多唱片吗?

Nǐ yǒu xǔ duō chàng piàn mà

니여우쉬 뛰창피엔마

💬 당신은 음악회에 자주 가십니까?

你常去音乐会吗?

Nǐ cháng qù yīn yuè huì mà

니창취 인위에후이마

💬 저는 클래식 광입니다.

我是古典迷。

Wǒ shì gǔ diǎn mí

워스 꾸디엔미

💬 저는 경음악을 좋아합니다.

我喜欢轻音乐。

Wǒ xǐ huan qīng yīn yuè

워씨환 칭인위에

💬 어제 광장에서 음악회가 열렸습니다.

昨天在广场开了音乐会。

Zuó tiān zài guǎng chǎng kāi le yīn yuè huì

쭤티엔 짜이꽝창 카이러 인위에후이

💬 나한테 콘서트 입장권 두 장 있는데, 같이 갈래요?

我有两张音乐会的票一起去吧。

Wǒ yǒu liǎng zhāng yīn yuè huì de piào yī qǐ qù ba

워여우량장 인위에후이더퍄오 이치취바

💬 이 부근에 노래방이 있습니까?

这附近有没有歌舞厅？

Zhè fù jìn yǒu méi yǒu gē wǔ tīng

쩌푸찐 여우메이여우 꺼우팅

> 有没有 회화에서는 빨리 발음
> 되므로 「요메이요」로 들린다.

(**Unit 2**) 그림에 대해 말할 때

💬 미술전시회에 가시겠습니까?

你去不去画展？

Nǐ qù bù qù huà zhǎn

니 취부취 화짠

> 「동사 + 不 + 동사」일 경우
> 不는 약하게 읽는다.

💬 함께 미술전시회를 보러 갑시다.

一起去看美术展吧。

Yī qǐ qù kàn měi shù zhǎn ba

이치취칸 메이수짠바

💬 이 작품은 어느 시대의 것입니까?
这个作品是哪个时代的?
Zhè ge zuò pǐn shì nǎ ge shí dài de
쩌거쭤핀스 나거스따이더

💬 저는 그림 그리기를 좋아합니다.
我喜欢画画。
Wǒ xǐ huan huà huà
워시환 화화

💬 이 작품은 정말 아름답네요.
这个作品真是太美了。
Zhè ge zuò pǐn zhēn shì tài měi le
쩌거쭤핀 쩐스 타이메이러

💬 저는 미술품 수집을 좋아합니다.
我喜欢搜集美术品。
Wǒ xǐ huan sōu jí měi shù pǐn
워씨환 쏘우지 메이수핀

💬 그림을 아주 잘 그리시군요.
你画得真好。
Nǐ huà dé zhēn hǎo
니화더 쩐하오

💬 좋아하는 화가는 누군가요?
你喜欢的画家是谁?
Nǐ xǐ huan de huà jiā shì shéi
니씨환더화쟈 스쉐이

Unit 3 독서에 대해 말할 때

💬 어떤 책을 즐겨 읽으십니까?

你喜欢读什么样的书?

Nǐ xǐ huan dú shén me yàng de shū

니씨환두 션머양더수

💬 주로 애정소설을 읽습니다.

主要看言情小说。

Zhǔ yào kàn yán qíng xiǎo shuō

주야오칸 옌칭 씨아오쉬

💬 저는 손에 잡히는 대로 다 읽습니다.

我是随意，逮什么读什么。

Wǒ shì suí yì dǎi shén me dú shén me

워스쑤이이 따이션머 두션머

> ~什么, ~什么 ~하는 대로 ~하다
> 예 要什么，给什么 요구하는 대로
> (무엇이든) 준다

💬 책을 많이 읽으십니까?

你读书很多吗?

Nǐ dú shū hěn duō ma

니두수 헌 뚸마

💬 이 책은 재미없어요.

这本没意思。

> 没意思 재미없다, 意思 재미

Zhè běn méi yì sī

쩌번 메이이쓰

💬 좋아하는 작가는 누구입니까?

你喜欢的作家是谁?

Nǐ xǐ huan de zuò jiā shì shéi

니씨환더 쭤쟈 스쉐이

💬 요즘 베스트셀러는 무엇입니까?

最近的畅销书是什么?

Zuì jìn de chàng xiāo shū shì shén me

쭈이찐더 창 씨아오수 스션머

💬 무슨 신문을 보십니까?

你看什么报纸?

Nǐ kàn shén me bào zhǐ

니칸 션머빠오즈

(Unit 4) 영화와 연극에 대해 말할 때

💬 그 영화는 몇 시에 상영합니까?

那部电影几点上映?

Nà bù diàn yǐng jǐ diǎn shàng yìng

나뿌띠엔잉 지디엔샹잉

💬 어떤 프로가 상영되고 있습니까?

播放什么节目?

Bō fàng shén me jié mù

뽀팡 션머지에무

> 节目 종목, 프로그램,
> 항목, 레퍼토리

💬 오늘 저녁에 무슨 영화를 상영합니까?

今晚演什么电影?

jīn wǎn yǎn shén me diàn yǐng

찐완옌 션머띠엔잉

> 大前天(dàqiántiān) 그그저께
> 前天(qiántiān) 그제
> 昨天(zuótiān) 어제
> 今天(jīntiān) 오늘
> 明天(míngtiān) 내일
> 后天(hòutiān) 모레
> 大后天(dàhòutiān) 내일 모레

💬 중국 영화를 좋아하십니까?

你喜欢中国电影吗?

Nǐ xǐ huan zhōng guó diàn yǐng mà

니씨환 쭝궈띠엔잉마

💬 어느 배우를 가장 좋아하십니까?

你最喜欢哪个演员?

Nǐ zuì xǐ huan nǎ ge yǎn yuán

니쭈이씨환 나거옌위엔

💬 영화 배우 중 누굴 가장 좋아합니까?

你喜欢哪一位电影明星?

Nǐ xǐ huan nǎ yī wèi diàn yǐng míng xīng

니씨환 나이웨이 띠엔잉밍씽

💬 자주 영화 구경을 가십니까?

你常去看电影吗?

Nǐ cháng qù kàn diàn yǐng ma

니창취칸 띠엔잉마

💬 저는 한 달에 두 번 영화를 봅니다.

一个月我看两场电影。

Yī ge yuè wǒ kàn liǎng chǎng diàn yǐng

이거위에 워칸 량창띠엔잉

💬 어떤 연극을 좋아하십니까?

你喜欢什么样的戏?

Nǐ xǐ huan shén me yàng de xì

니씨환 션머양더씨

💬 최근에 무슨 좋은 연극을 보셨습니까?

最近你看过什么好戏吗?

Zuì jìn nǐ kàn guò shén me hǎo xì ma

쭈이찐 니칸궈 션머하오씨마

Unit 5 텔레비전에 대해 말할 때

💬 어떤 텔레비전 프로그램을 좋아하십니까?

你喜欢哪些电视节目？

Nǐ xǐ huan nǎ xiē diàn shì jié mù

니시환 나씨에 띠엔스지에무

💬 연속극을 좋아합니다.

我喜欢连续剧。

Wǒ xǐ huan lián xù jù

워씨환 리엔쉬쥐

💬 오늘 저녁에는 무슨 프로그램이 있습니까?

今晚播放什么节目？

Jīn wǎn bō fàng shén me jié mù

찐완뽀팡 션머지에무

💬 오늘 재미있는 텔레비전 프로그램이 있나요?

今天，电视有什么好的节目没有？

jīn tiān diàn shì yǒu shén me hǎo de jié mù méi yǒu

찐티엔 띠엔쓰 여우션머 하오더지에무 메이여우

💬 오늘 저녁 텔레비전에서 어떤 프로그램을 방송합니까?

今天晚上电视上映什么节目？

jīn tiān wǎn shàng diàn shì shàng yìng shén me jié mù

찐티엔완샹 띠엔쓰샹잉 션머지에무

💬 지금 방송하고 있는 프로그램은 뭡니까?

现在电视播的是什么？

Xiàn zài diàn shì bō de shì shén me

씨엔짜이 띠엔쓰뽀더 스션머

Chapter 09 건강과 스포츠에 대해서

구기종목에는 공을 뜻하는 球(qiú)가 들어갑니다. 손을 사용하는 운동은 打(dǎ)라는 동사를 사용하며, 발을 이용하는 운동은 踢(tī)를 사용합니다. 또한 스포츠를 매우 좋아하는 사람은 迷(mí)라는 말을 붙입니다. 迷는 일반적으로 「팬」이라고 하는데 운동에서만 쓰이는 것이 아니라 영화나 음악에서도 쓰입니다.

Unit 1 건강 상태를 말할 때

💬 건강은 어떠세요?

身体好吗?

Shēn tǐ hǎo mà

션티 하오마

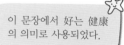

이 문장에서 好는 건강의 의미로 사용되었다.

💬 요즘 건강은 어떠십니까?

你最近身体好吗?

Nǐ zuì jìn shēn tǐ hǎo mà

니쭈이진 션티하오마

💬 덕분에 저는 아주 건강합니다.

托你的福我很健康。

Tuō nǐ de fú wǒ hěn jiàn kāng

퉈니더푸 워헌지엔캉

💬 건강상태가 양호합니다.

身体状况良好。

Shēn tǐ zhuàng kuàng liáng hǎo

션티 쭝쾅 량하오

💬 요 며칠 몸이 좋지 않습니다.

这几天身体不太好。

Zhè jǐ tiān shēn tǐ bu tài hǎo

쩌지티엔 션티 부타이하오

💬 몸이 불편합니다.

身体不舒服。

Shēn tǐ bù shū fú

션티 뿌수푸

💬 오늘은 좀 괜찮으세요?

今天您好点吗?

Jīn tiān nín hǎo diǎn mà

진티엔 닌하오디엔마

> 好点(儿)은「괜찮아지다, 호전되다」라는 의미로 해석하며 특히 병문안을 가서 안부를 물을 때 자주 사용되는 표현이다.

💬 안색이 아주 창백합니다.

你脸色很苍白。

Nǐ liǎn sè hěn cāng bái

니리엔써 헌창바이

💬 건강해 보이시는군요.

看起来很健康。

Kàn qǐ lái hěn jiàn kāng

칸치라이 헌지엔캉

💬 어떻게 그렇게 건강하십니까?

你怎么会那么健康的?

Nǐ zěn mě huì nà mě jiàn kāng de

니 쩐머후이 나머지엔캉더

💬 건강의 비결은 무엇입니까?

请问健康的秘诀是什么？

Qǐng wèn jiàn kāng de mì jué shì shén me

칭원 지엔캉더미쮜에 스선머

💬 건강 유지를 위해 무엇을 하세요?

为保持健康，你都做些什么？

Wèi bǎo chí jiàn kāng nǐ dōu zuò xiē shén me

웨이 빠오츠지엔캉 니떠우 쮜씨에선머

💬 운동을 많이 하십니까?

你经常运动吗？

Nǐ jīng cháng yùn dòng mà

니 찡창 윈뚱마

💬 날마다 운동하시죠?

您是不是天天锻炼？

Nín shì bù shì tiān tiān duàn liàn

닌 스부스 티엔티엔 뚜안리엔

天天은 명사 天을 중첩함으로써 하루하루가 반복됨을 나타낸다. 즉 「매일 매일」로 해석된다.

💬 매일 조깅을 합니다.

我天天晨练。

Wǒ tiān tiān chén liàn

워 티엔티엔 천리엔

💬 좋은 수면 습관은 건강에 유익합니다.

好的睡眠习惯对健康有益。

Hǎo de shuì mián xí guàn duì jiàn kāng yǒu yì

하오더쉐이미엔씨 꽌뚜이지엔캉 여우이

💬 생활이 불규칙적이면 건강에 해롭습니다.

生活无规律对健康有害。

Shēng huó wú guī lǜ duì jiàn kāng yǒu hài

성훠 우꾸이뤼 뚜이지엔캉 여우하이

💬 녹색 식품은 몸에 좋습니다.

绿色食品对身体有好处。

Lǜ sè shí pǐn duì shēn tǐ yǒu hǎo chù

뤼써스핀 뚜이션티 여우하오추

💬 일부 식품은 건강에 해롭습니다.

一些食品对健康有害。

Yī xiē shí pǐn duì jiàn kāng yǒu hài

이시에스핀 뚜이지엔캉 여우하이

💬 적당한 운동은 신체건강에 유익합니다.

适当的运动有利于身体健康。

Shì dāng de yùn dòng yǒu lì yú shēn tǐ jiàn kāng

스땅더윈뚱 여우리위 션티지엔캉

> ☆ 于는 「~에 대하여」 라는 전치사이다.

(**Unit 3**) 스포츠를 화제로 할 때

💬 운동을 좋아하십니까?

你喜欢运动吗?

Nǐ xǐ huan yùn dòng mà

니씨환 윈뚱마

💬 저는 스포츠광입니다.

我是个体育迷。

Wǒ shì ge tǐ yù mí

워스거 티위미

> ☆ 迷는 어떤 대상에 대해 상당한 관심을 가지고 있는 사람을 나타내는 단어로 「팬, ~광」으로 해석한다.
> (예) 歌迷 음악팬, 球迷 축구팬

💬 어떤 운동을 할 줄 아세요?

你会什么运动?

Nǐ huì shén mè yùn dòng

니후이 션머윈뚱

💬 저는 운동이라면 다 좋아합니다.
只要是运动，我都喜欢。
Zhǐ yào shì yùn dòng wǒ dōu xǐ huan
즈야오 스윈뚱 워떠우 씨환

💬 무슨 운동을 하십니까?
你做什么运动?
Nǐ zuò shén me yùn dòng
니쭤 션머윈뚱

💬 일주일에 두 번 조깅을 합니다.
我一周跑两次步。
Wǒ yī zhōu pǎo liǎng cì bù
워이저우 파오량츠뿌

💬 일요일마다 등산을 합니다.
每星期日我都去爬山。
Měi xīng qī rì wǒ dōu qù pá shān
메이씽치르 워떠우취 파샨

「일요일」은 星期天(xīngqītiān)
礼拜日(lǐbàirì)라고도 한다.

💬 저는 운동을 구경만 합니다.
我只看运动。
Wǒ zhǐ kàn yùn dòng
워 즈칸 윈뚱

💬 야구를 좀 합니다.
我打点儿棒球。
Wǒ dǎ diǎnér bàng qiú
워 따디알빵 치우

💬 수영을 할 줄 아나요?
你会游泳吗?
Nǐ huì yóu yǒng ma
니후이 여우용마

💬 골프를 좋아하십니까?
你喜欢高尔夫球吗?
Nǐ xǐ huan gāo ěr fū qiú mà
니씨환 까오얼푸치우마

💬 테니스를 칠 줄 압니까?
你会打网球吗?
Nǐ huì dǎ wǎng qiú mà
니후이 따왕치우마

(Unit 4) 경기를 관전할 때

💬 어디서 입장권을 삽니까?
在哪儿买入场券?
Zài nǎr mǎi rù chǎng quàn
짜이날 마이루창첸

💬 어느 팀이 이길 것 같습니까?
你看哪个队能赢?
Nǐ kàn nǎ ge duì néng yíng
니칸 나거뚜이 넝잉

> 여기서 看은 「보다」라는
> 의미에서 더 나아가 추측
> 이나, 판단을 나타낸다.

💬 누구와 누구의 경기입니까?
谁跟谁比赛?
Shéi gēn shéi bǐ sài
쉐이껀쉐이 비싸이

💬 어제 저녁의 경기는 무승부로 끝났습니다.
昨晚的那场比赛打成了平局。
Zuó wǎn de nà chǎng bǐ sài dǎ chéng le píng jú
쭤완더 나창비싸이 따청러 핑쥐

💬 시합 결과는 예측하기 힘듭니다.

比赛结果是很难预测的。

Bǐ sài jié guǒ shì hěn nán yù cè de

비싸이지에꿔스 헌난위처더

💬 어제 권투 경기가 매우 재밌었습니다.

昨天的拳击比赛很精彩。

Zuó tiān de quán jī bǐ sài hěn jīng cǎi

쭤티엔더 췐지비싸이 헌찡차이

💬 오늘 경기 결과는 어떻게 되었습니까?

今天的比赛结果怎么样?

Jīn tiān de bǐ sài jié guǒ zěn me yàng

찐티엔더 비싸이지에꿔 쩐머양

💬 우리 팀이 졌습니다.

我们队输了。

Wǒ mén duì shū le

워먼뚜이 수러

队 팀

💬 우리 팀은 3대 1로 앞서고 있습니다.

我们队以三比一领先。

Wǒ mén duì yǐ sān bǐ yī lǐng xiān

워먼뚜이 이싼비이 링씨엔

💬 현재 스코어는 어떻게 되었습니까?

现在场上比分是多少?

Xiàn zài chǎng shàng bǐ fēn shì duō shǎo

씨엔짜이 창상비펀 스 뚸샤오

Chapter 10 날씨와 계절에 대해서

「날씨가 좋다 好(hǎo)」「날씨가 나쁘다 不好(bù hǎo)」는 표현이 많이 사용되나 기온에 따라 「따뜻하다 暖和(nuǎn hé)」, 「서늘하다 凉快(liáng kuài)」, 「춥다 冷(lěng)」, 「덥다 热(rè)」 등의 표현도 함께 익혀둡시다. 계절에 따른 표현에는 봄에는 「따뜻하다 暖和(nuǎnhuo)」라는 표현 이외에도 「맑다 晴朗(qínglǎng)」, 겨울은 「춥다 冷(lěng)」이라는 표현 이외에도 「건조하다 干燥(gānzào)」 등의 중국의 계절의 특성도 함께 알아둡시다.

Unit 1 날씨를 물을 때

💬 **오늘 날씨 어때요?**

今天天气怎么样?

Jīn tiān tiān qì zěn me yàng
찐티엔티엔치 쩐머양

💬 **그곳 날씨는 어떻습니까?**

那边的天气怎么样?

Nà biān de tiān qì zěn me yàng
나삐엔더티엔치 쩐머양

💬 **바깥 날씨가 여전히 좋습니까?**

外边天气还好吗?

Wài biān tiān qì hái hǎo mà
와이삐엔티엔치 하이하오마

💬 **서울 날씨가 어떻습니까?**

首尔的天气怎么样?

Shǒu ěr de tiān qì zěn me yàng
쏘우얼더티엔치 쩐머양

💬 이런 날씨 좋아하세요?

你喜欢这种天气吗?

Nǐ xǐ huan zhè zhǒng tiān qì ma

니씨환 쩌쫑티엔치마

> 喜欢은「마음에 들다, 좋아
> 하다」라는 의미로 爱, 好보
> 다는 부드러운 표현이다.

(Unit 2) 날씨가 좋을 때

💬 날씨 참 좋죠?

今天天气真好,是吧?

Jīn tiān tiān qì zhēn hǎo shì bā

진티엔티엔치 쩐하오 스바

> 대부분 吧로 물어보는 문
> 장은 긍정의 대답을 요구
> 하는 의문문이다.

💬 오늘은 날씨가 매우 좋습니다.

今天天气很好。

Jīn tiān tiān qì hěn hǎo

찐티엔티엔치 헌하오

💬 날씨가 화창하고 참 상쾌합니다.

天气晴朗真爽快。

Tiān qì qíng lǎng zhēn shuǎng kuài

티엔치칭랑 쩐수앙콰이

💬 날씨가 개기 시작했어요.

天气开始转晴了。

Tiān qì kāi shǐ zhuǎn qíng le

티엔치카이스 쫜칭러

💬 오늘은 맑습니다.

今天天气晴朗。

Jīn tiān tiān qì qíng lǎng

찐티엔티엔치 칭랑

💬 오늘은 구름 한 점 없이 맑았습니다.

今天晴空万里。

Jīn tiān qíng kōng wàn lǐ

찐티엔 칭콩완리

(Unit 3)　날씨가 나쁠 때

💬 오늘은 날씨가 몹시 나쁘군요.

今天天气坏得很。

Jīn tiān tiān qì huài de hěn

찐티엔티엔치 화이더헌

💬 오늘은 약간 흐려요.

今天有点儿阴。

Jīn tiān yǒu diǎnér yīn

찐티엔 여우디알인

💬 내일은 날씨가 나쁘다고 합니다.

明天天气要不好。

Míng tiān tiān qì yào bù hǎo

밍티엔티엔치 야오뿌하오

💬 날씨가 그리 좋지 못해요.

天气不太好。

Tiān qì bù tài hǎo

티엔치 부타이하오

(Unit 4)　비가 내릴 때

💬 오늘은 비가 내릴까요?

今天有雨吗?

Jīn tiān yǒu yǔ mà

찐티엔 여우위마

💬 비가 내릴 것 같습니까?

会不会下雨?

Huì bù huì xià yǔ

후이부후이 씨아위

💬 오늘은 비가 내립니다.

今天要下雨。

Jīn tiān yào xià yǔ

찐티엔 야오 씨아위

💬 소나기가 내릴 것 같습니다.

看来要下雷雨了。

Kàn lái yào xià léi yǔ le

칸라이 야오 씨아레이위러

💬 큰비가 내릴 것 같습니다.

快要下大雨了。

Kuài yào xià dà yǔ le

콰이야오 씨아따위러

💬 어제는 한 차례 폭우가 내렸습니다.

昨天下了一场暴雨。

Zuó tiān xià le yì chǎng bào yǔ

쭤티엔 씨아러이창 빠오위

💬 저녁에 약간 비가 내릴 것 같습니다.

晚上将会有小雨。

Wǎn shàng jiāng huì yǒu xiǎo yǔ

완샹 쟝후이여우 씨아오위

💬 연일 궂은비가 내립니다.

下连天的阴雨。

Xià lián tiān de yīn yǔ

씨아리엔티엔더 인위

💬 7월 초는 장마철입니다.

七月初是梅雨期。

Qī yuè chū shì méi yǔ qī

치위에추스 메이위치

💬 이번 비는 너무 오래 내립니다.

这雨下得太长了。

Zhè yǔ xià dé tài cháng le

쩌위 씨아더타이창러

Unit 5   바람이 불 때

💬 바깥은 바람이 세차게 붑니다.

外面正在刮大风。

Wài miàn zhèng zài guā dà fēng

와이미엔 쩡짜이 꽈따펑

> 刮风 바람이 불다, 刮大风 세차게 바람이 불다
> (大의 위치에 주의)

💬 며칠 전 보기 드문 태풍이 불었습니다.

前几天刮了罕见的台风。

Qián jǐ tiān guā le hǎn jiàn de tái fēng

치엔지티엔 꽈러 한지엔더타이펑

💬 바다에는 늘 용오름이 솟아오릅니다.

海上常常刮龙卷风。

Hǎi shàng cháng cháng guā lóng juǎn fēng

하이샹 창창 꽈롱쮄펑

💬 정면에서 이따금 미풍이 불어오고 있습니다.

迎面吹来阵阵的微风。

Yíng miàn chuī lái zhèn zhèn de wēi fēng

잉미엔 추이라이 쩐쩐더웨이펑

💬 폭풍이 불어요.

刮起暴风。

Guā qǐ bào fēng

꽈치 빠오펑

Unit 6 사계절에 대해서

💬 바깥은 약간 춥습니다.

外面有点冷。

Wài miàn yǒu diǎn lěng

와이미엔 여우디엔렁

💬 봄이 왔습니다. 날씨도 따뜻해졌습니다.

春天到了，天气很暖和。

Chūn tiān dào le tiān qì hěn nuǎn huo

춘티엔 따오러 티엔치 헌놘후오

💬 오늘은 따뜻합니다.

今天暖和。

Jīn tiān nuǎn huo

진티엔 놘후오

💬 드디어 봄이 왔습니다.

春天终于到了。

Chūn tiān zhōng yú dào le

춘티엔 쭝위따오러

💬 날씨가 따뜻해지기 시작했습니다.

天气终于开始转暖了。

Tiān qì zhōng yú kāi shǐ zhuǎn nuǎn le

티엔치 쭝위카이스 좐놘러

💬 봄은 만물이 소생하는 계절입니다.
春天是万物复苏的季节。
Chūn tiān shì wàn wù fù sū de jì jié
춘티엔스 완우푸쑤더 지지에

💬 바깥은 아주 덥습니다.
外面很热。
Wài miàn hěn rè
와이미엔 헌러

💬 여름이 오면 혹서를 견디기 힘듭니다.
到了夏天最受不了酷热。
Dào le xià tiān zuì shòu bù liǎo kù rè
따오러 씨아티엔 쭈이 셔우뿌랴오 쿠러

> 不了 ~할 수 없다
> ⑩ 受不了 견딜 수 없다

💬 여름은 아주 무덥습니다.
夏天很热。
Xià tiān hěn rè
씨아티엔 헌러

💬 여름은 정말로 무더위가 견디기 힘듭니다.
夏天真是酷热难耐。
Xià tiān zhēn shì kù rè nán nài
씨아티엔 쩐스쿠러 난나이

💬 가을 날씨는 아주 시원합니다.
秋天的天气很凉爽。
Qiū tiān de tiān qì hěn liáng shuǎng
치우티엔더 티엔치 헌량수앙

💬 가을은 수확의 계절입니다.
秋天是收获的季节。
Qiū tiān shì shōu huò de jì jié
치우티엔스 셔우훠더 지지에

256

💬 가을 하늘은 높고 날씨는 서늘합니다.

秋高气爽。

Qīu gāo qì shuǎng

치우까오 치수앙

💬 주말에 단풍구경을 갑시다.

周末去看枫叶吧。

Zhōu mò qù kàn fēng yè ba

져우모취칸 펑예바

시간과 연월일에 대해서

시간이나 연월일을 물을 때 쓰이는 「몇」은 几(jǐ)
로 사용을 하면 됩니다. 또한 年(nián)을 읽을 때
는 일반적으로 숫자 하나하나를 읽어줍니다. 「몇
월 며칠」을 말할 때는 几月几日(jǐyuèjǐrì) 혹은 几
月几号(jǐyuèjǐhào)라고 말하면 됩니다. 요일은
星期一(xīngqīyī), 星期二(xīngqīèr)…으로 쓰이며
일요일만은 星期天(xīngqītiān) 星期日(xīngqīrì), 礼拜天(lǐbàitiān)을 사
용합니다.

Unit 1 시각을 묻고 답할 때

💬 지금 몇 시입니까?

现在几点?
Xiàn zài jǐ diǎn
씨엔짜이 지디엔

> 시간을 물어 볼 때에는
> 几点几分?으로 묻는다.

💬 지금 6시 15분입니다.

现在是六点十五分。
Xiàn zài shì liù diǎn shí wǔ fēn
씨엔짜이스 리우디엔 스우펀

💬 지금 오후 2시 16분입니다.

现在是下午两点十六分。
Xiàn zài shì xià wǔ liǎng diǎn shí liù fēn
씨엔짜이스 씨아우 량디엔 스리우펀

💬 오후 3시입니다.

下午三点。
Xià wǔ sān diǎn
씨아우 싼디엔

💬 아침 6시입니다.

早晨六点。

Zǎo chén liù diǎn

짜오천 리우디엔

💬 새벽 4시입니다.

凌晨四点。

Líng chén sì diǎn

링천 쓰디엔

💬 곧 9시가 됩니다.

快到九点了。

Kuài dào jiǔ diǎn le

콰이따오 지우디엔러

💬 9시가 조금 지났습니다.

九点过一点儿了。

Jiǔ diǎn guò yī diǎnér le

지우디엔 꿔이디알러

💬 몇 시쯤 됐을까요?

大约能有几点？

Dà yuē néng yǒu jǐ diǎn

따위에 넝여우 지디엔

> ☆ 大约는 「대략」이라는 의미로 사용된다.

(Unit 2) 시간에 대해 말할 때

💬 몇 시에 일어납니까?

你什么时候起床？

Nǐ shén me shí hòu qǐ chuáng

니 션머스허우 치촹

💬 시간은 얼마나 걸립니까?

需要多长时间。

Xū yào duō cháng shí jiān

쉬야오 뚸창 스찌엔

「시간이 얼마나 (걸려요?)」라는 의미로 几个小时(jǐgèxiǎoshí)으로 사용해도 된다.

💬 언제 돌아옵니까?

你什么时候回来？

Nǐ shén me shí hòu huí lái

니 션머스허우 훼이라이

💬 시간이 됐습니다.

到点了。

Dào diǎn le

따오디엔러

💬 역에서 걸어서 7분 걸립니다.

从车站步行需要七分钟。

Cóng chē zhàn bù xíng xū yào qī fēn zhōng

총처짠 뿌씽 쉬야오 치펀종

「从+장소(시간)」는 「~로부터」라는 의미로 到와 함께 쓰여 「~부터 ~까지」라는 의미로 자주 사용된다.

💬 몇 시에 올 겁니까?

你几点过来？

Nǐ jǐ diǎn guò lái

니 지디엔 꿔라이

💬 언제 시작합니까?

什么时候开始。

Shén me shí hòu kāi shǐ

션머스허우 카이스

💬 수업은 아침 몇 시에 시작합니까?

早晨几点开始上课？

Zǎo chén jǐ diǎn kāi shǐ shàng kè

짜오천지디엔 카이스샹커

💬 몇 시에 점심을 먹습니까?

中午几点吃午饭？

Zhōng wǔ jǐ diǎn chī wǔ fàn

쫑우지디엔 츠우판

💬 오후 몇 시에 회의를 합니까?

下午几点开会？

Xià wǔ jǐ diǎn kāi huì

씨아우지디엔 카이후이

💬 오전 몇 시에 만날까요?

上午几点见面？

Shàng wǔ jǐ diǎn jiàn miàn

샹우지디엔 지엔미엔

💬 점심휴식 시간은 얼마나 됩니까?

你们午休时间多长？

Nǐ mén wǔ xiū shí jiān duō cháng

니먼 우씨우스지엔 뚸창

💬 몇 시에 시작합니까?

几点开始？

Jǐ diǎn kāi shǐ

지디엔 카이스

💬 너무 이릅니다.

太早了。

Tài zǎo le

타이짜오러

💬 시간이 늦었습니다.

时间不早了。

Shí jiān bù zǎo le

스지엔 뿌짜오러

💬 몇 시에 문을 닫습니까?

这儿几点钟关门。

Zhèr jǐ diǎn zhōng guān mén

쩔 지디엔중 꽌먼

开门(kāimén) 문을 열다 ↔
关门(guānmén) 문을 닫다

Unit 3 일(日)을 말할 때

💬 오늘은 며칠입니까?

今天几号?

Jīn tiān jǐ hào

찐티엔 지하오

중국어에서 날짜를 물을 때는
号(hào)와 日(rì)와 같이 쓰인
다. 그러나 보통 회화에서는
号가 더 많이 사용된다.

💬 어제는 며칠이었습니까?

昨天是几号?

Zuó tiān shì jǐ hào

쭤티엔스 지하오

💬 모레는 10월 1일입니다.

后天是十月一日。

Hòu tiān shì shí yuè yī rì

허우티엔스 스위에 이르

💬 오늘은 무슨 날입니까?

今天是什么日子?

Jīn tiān shì shén mě rì zǐ

찐티엔스 션머르쯔

日子는 「~날」이라는
의미로 특별한 날을 말
할 때 사용한다.

💬 오늘은 국경일입니다.

今天是国庆节。

Jīn tiān shì guó qìng jié

찐티엔스 꿔칭지에

💬 우리 휴가가 며칠부터 시작이죠?

我们的休假是几号开始？

Wǒ mén de xiū jià shì jǐ hào kāi shǐ

워먼더 씨우쟈 스 지하오 카이스

休仮와 放仮는「휴가, 방학」이라는 같은 의미이며,「휴가를 보내다」라는 표현은 度仮라고 한다.

Unit 4   요일을 말할 때

💬 오늘은 무슨 요일입니까?

今天星期几？

Jīn tiān xīng jǐ

찐티엔 씽치지

💬 오늘은 월요일입니다.

今天星期一。

Jīn tiān xīng qī yī

찐티엔 씽치이

💬 목요일은 며칠입니까?

礼拜四是几号？

Lǐ bài sì shì jǐ hào

리빠이쓰스 지하오

💬 모레는 화요일입니다.

后天是礼拜二。

Hòu tiān shì lǐ bài èr

허우티엔스 리빠이얼

💬 오늘은 화요일이 아닙니다.

今天不是星期二。

Jīn tiān bù shì xīng qī èr

찐티엔 부스 씽치얼

💬 엊그제는 금요일이었습니다.

前天是礼拜五。

Qián tiān shì lǐ bài wǔ

치엔티엔스 리빠이우

💬 나는 일요일에 돌아옵니다.

我星期天回来。

Wǒ xīng qī tiān huí lái

워 씽치티엔 훼이라이

「일요일」이라는 표현은 星期天,
礼拜天, 星期日이 있다.

💬 주말에 뭘 할 겁니까?

周末你干什么?

Zhōu mò nǐ gàn shén mè

저우모 니깐션머

(Unit 5) 월(月)과 년(年)에 대해 말할 때

💬 어제는 몇 월 며칠이었습니까?

昨天是几月几号?

Zuó tiān shì jǐ yuè jǐ hào

쭤티엔스 지위에 지하오

💬 오늘은 10월 10일입니다.

今天是十月十号。

Jīn tiān shì shí yuè shí hào

찐티엔스 스위에 스하오

💬 내일은 몇 월 며칠입니까?

明天是几月几号?

Míng tiān shì jǐ yuè jǐ hào

밍티엔스 지위에 지하오

💬 내일은 8월 5일입니다.

明天是八月五号。

Míng tiān shì bā yuè wǔ hào

밍티엔스 빠위에 우하오

Unit 6 기간을 말할 때

💬 며칠이나 걸립니까?

得多少天?

Děi duō shǎo tiān

떼이뚸 샤오티엔

💬 내일 다시 오겠습니다.

我明天再来。

Wǒ míng tiān zài lái

워 밍티엔 짜이라이

💬 최소한 일주일은 필요합니다.

至少也需要一个星期。

Zhì shǎo yě xū yào yī ge xīng qī

즈샤오 예쒸야오 이거씽치

💬 2~3주간 머물 예정입니다.

我打算住两三个星期。

Wǒ dǎ suàn zhù liǎng sān ge xīng qī

워따쏸 쭈 량싼거씽치

💬 일주일 후에 다시 오십시오.

请你一个星期后再来。

Qǐng nǐ yī ge xīng qī hòu zài lái

칭니 이거씽치허우 짜이라이

Chapter 12 미용과 세탁에 대해서

중국의 미용실은 남녀 공용으로 보면 됩니다. 그리고 미용실은 거리곳곳에 상당히 많이 있지만 겉모습은 정말 허름해 보입니다. 저기가 뭐 하는 곳인가 살펴보아야 미용실인지 알만큼 정말 그저 그렇습니다. 물론 북경이나 천진의 시내에는 상당히 비싸고 좋은 미용실도 있지만 주택가의 미용실은 일반적으로 옛날 시골 이발소나 미용실 정도로 보면 됩니다. 따라서 한국인이나 외국인은 현지 중국 미용실에 가기가 조금 망설여지는 것도 사실입니다

Unit 1 이발소에서

💬 이발 좀 해 주세요.

我要理发。
Wǒ yào lǐ
워야오 리파

💬 어떤 모양으로 깎을까요?

理什么发型?
Lǐ shén me fā xíng
리션머 파씽

💬 보통 헤어스타일로 깎아 주세요.

给我剪成一般的发型。
Gěi wǒ jiǎn chéng yī bān de fā xíng
게이워 지엔청 이빤더 파씽

💬 약간 짧게 깎아 주세요.

给我剪得稍微短一点儿。

Gěi wǒ jiǎn dé shāo wēi duǎn yī diǎnér

게이워 지엔더 샤오웨이 딴이디알

💬 너무 많이 자르지 마세요.

别剪得太多。

Bié jiǎn dé tài duō

비에지엔더 타이뛰

💬 이런 모양으로 깎아 주세요.

给我理成这个样子。

Gěi wǒ lǐ chéng zhè ge yàng zǐ

게이워 리청쩌거 양즈

💬 면도를 하시겠습니까?

刮脸吗?

Guā liǎn mà

과리엔마

💬 면도를 해 주세요.

请刮脸。

Qǐng guā liǎn

칭 과리엔

💬 머리를 감아 주세요.

请给我洗洗头。

Qǐng gěi wǒ xǐ xǐ tóu

칭게이워 씨씨터우

💬 안마를 해 주세요.

请按摩一下。

Qǐng àn mó yī xià

칭 안모이 씨아

💬 야, 이발하셨네요.

哟，您理发了。

Yō nín lǐ fà le

요 닌 리파러

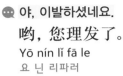

哟는 감탄사로 우리말의 「앗, 아아, 아니, 야」의 뜻으로 놀라거나 의문이 생겼을 때 가벼운 놀람과 농담의 어감을 나타낸다.

Unit 2 미장원에서

💬 머리만 감겨 주세요.

我只要洗头。

Wǒ zhǐ yào xǐ tóu

워즈야오씨터우

洗头发(xītóufà) 머리를 감다
洗澡(xǐzǎo) 목욕을 하다

💬 파마해 주세요.

请给我烫发。

Qǐng gěi wǒ tàng fā

칭게이워 탕파

💬 파마를 약하게 해 주세요.

请烫得轻一点儿。

Qǐng tàng dé qīng yī diǎnér

칭탕더 칭이디알

💬 세트해 주세요.

我要做头发。

Wǒ yào zuò tóu fā

워야오 쭤터우파

💬 머리를 검게 염색해 주세요.

我要把头发染成黑色。

Wǒ yào bǎ tóu fā rǎn chéng hēi sè

워야오 바터우파 란청헤이써

268

Unit 3 세탁소에서

💬 드라이클리닝을 부탁합니다.

我想干洗衣服。

Wǒ xiǎng gān xǐ yī fú

워씨앙 깐씨이푸

💬 호텔 안에 세탁소가 있습니까?

饭店内有洗衣店吗?

Fàn diàn nèi yǒu xǐ yī diàn må

판디엔 네이여우 씨이디엔마

💬 드라이클리닝을 하려면 며칠이 걸립니까?

干洗衣服需要几天?

Gān xǐ yī fú xū yào jǐ tiān

깐씨이푸 쉬야오 지티엔

💬 이 옷을 다림질해주십시오.

请把这件衣服熨一下。

Qǐng bǎ zhè jiàn yī fú yùn yī xià

칭바 쩌지엔이푸윈 이씨아

PART

06

Chinese Conversation for Beginners

여행과 출장에 관한 표현

중국으로 여행은 그 자체만으로 가슴을 설레게 합니다. 막연하게 아무런 준비 없이 여행이나 출장을 떠나는 것보다는 기본적인 회화를 익혀두어야 함은 물론이고, 또한 여행 계획을 잘 짜두어야 훨씬 안전하고 즐거운 여행을 할 수 있습니다. 따라서 여기서는 여행시 필요한 숙박, 쇼핑, 관광 등에 관한 다양한 표현을 익히도록 하였습니다.

Chapter 01 출국 비행기 안에서

중국 베이징(北京)으로 가는 항공편은 대한항공,
아시아나 항공, 중국국제항공(中国国际航空) 등
이 있다. 중국회사의 항공편을 탑승하였다 하더
라도 스튜어디스들이 대부분 한국어나 영어를
알기에 긴장할 필요는 없습니다. 입국카드를 작
성할 때 성명만 영어로 쓰고 그 외의 것은 한국
인은 한자를 써도 무방합니다.

Unit 1 좌석에 앉을 때까지

💬 (탑승권을 보이며) B12 좌석은 어디입니까?

B12座在哪儿?
Bi yāo èr zuò zài nǎr
비야오얼쭤 짜이날

💬 여기는 제 자리인데요.

这是我的坐位。
Zhè shì wǒ de zuò wèi
쩌스 워더 쭤웨이

💬 여기에 앉아도 되겠습니까?

可以坐这儿吗?
Kě yǐ zuò zhèr mà
커이 쭤절마

💬 (옆 사람에게) 자리를 바꿔 주시겠습니까?

能给我换一下位置吗?
Néng gěi wǒ huàn yí xià wèi zhì mà
넝게이워 환이씨아 웨이즈마

272

💬 저기 빈자리로 옮겨도 되겠습니까?

能到那个空位置吗?

Néng dào nà ge kōng wèi zhì mǎ

넝따오 나거 콩웨이즈마

💬 잠깐 지나가도 될까요?

能过一下吗?

Néng guò yí xià mǎ

넝꿔 이씨아마

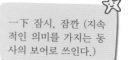
一下 잠시, 잠깐 (지속적인 의미를 가지는 동사의 보어로 쓰인다.)

Unit 2 기내 서비스를 받을 때

💬 음료는 뭐가 좋겠습니까?

需要什么饮料?

Xū yào shén me yǐn liào

쉬야오 션머인랴오

💬 어떤 음료가 있습니까?

有什么饮料?

Yǒu shén me yǐn liào

여우 션머 인랴오

💬 콜라는 있습니까?

有可乐吗?

Yǒu kě lè mǎ

여우 커러마

可乐 콜라

💬 맥주를 주시겠습니까?

请给我啤酒。

Qǐng gěi wǒ pí jiǔ

칭게이워 피지우

💬 베개와 모포를 주세요.

请给我枕头和毛毯。

Qǐng gěi wǒ zhěn tóu hé máo tǎn

칭게이워 전터우 허마오탄

💬 한국어 신문(잡지)은 있습니까?

有韩国报纸(杂志)吗?

Yǒu hán guó bào zhǐ zá zhì mà

여우 한궈빠오즈(짜즈)마

💬 소고기와 닭고기가 있는데, 어느 것으로 하시겠습니까?

有牛肉和鸡肉，需要什么?

Yǒu niú ròu hé jī ròu xū yào shén mè

여우 니우러우 허지러우 쉬야오 션머

💬 소고기로 주세요.

请给我牛肉。

Qǐng gěi wǒ niú ròu

칭게이워 니우러우

💬 식사는 다 하셨습니까?

用完餐了吗?

Yòng wán cān le mà

용완 찬러마

> ☆ 식사를 나타낼 때 用은 吃보다 정중한 표현이다.

Unit 3 면세품 구입과 몸이 불편할 때

💬 기내에서 면세품을 판매합니까?

机内卖免税品吗?

Jī nèi mài miǎn shuì pǐn mà

지네이 마이 미엔수이핀마

💬 어떤 담배가 있습니까?

有什么烟?

Yǒu shén me yān

여우 션머옌

💬 (면세품 사진을 가리키며) 이것은 있습니까?

有这个吗?

Yǒu zhè ge ma

여우 쩌거마

💬 한국 돈은 받습니까?

收韩币吗?

Shōu hán bì ma

셔우 한삐마

韩币(hánbì) 한국 화폐
美元(měiyuán) 미국 달러
人民币(rénmínbì) 중국 화폐

💬 비행기 멀미약은 있습니까?

有晕机药吗?

Yǒu yūn jī yào ma

여우 윈지야오마

💬 몸이 좀 불편합니다. 약을 주시겠어요?

身体有点不舒服，能给我药吗?

Shēn tǐ yǒu diǎn bù shū fú néng gěi wǒ yào ma

션티 여우디엔 뿌수푸 넝게이워 야오마

💬 비행은 예정 대로입니까?

飞行情况，是按预定的吗?

Fēi xíng qíng kuàng shì àn yù dìng de ma

페이씽칭쾅 스 안위딩더마

💬 현지시간으로 지금 몇 시입니까?

当地时间，现在几点?

Dāng dì shí jiān xiàn zài jǐ diǎn

땅디스지엔 씨엔짜이 지디엔

几点 몇 시

💬 이 서류 작성법을 가르쳐 주시겠어요?

能告诉我这个文件怎么做吗?

Néng gào su wǒ zhè ge wén jiàn zěn mé zuò má

넝까오수워 쩌거원지엔 쩐머줘마

(Unit 4) 환승할 때

💬 환승 시간에 늦지 않을지 걱정입니다.

我很担心换乘时间会不会迟到。

Wǒ hěn dān xīn huàn chéng shí jiān huì bù huì chí dào

워헌딴신 환청스지엔 후이부후이 츠따오

担心 염려하다,
걱정하다

💬 이 공항에서 어느 정도 머뭅니까?

在这个机场停留多长时间?

Zài zhè ge jī chǎng tíng liú duō cháng shí jiān

짜이쩌거지창 팅리우 뚸창스지엔

💬 환승 카운터는 어디입니까?

换乘的地方在哪儿?

Huàn chéng de dì fāng zài nǎr

환청더디팡 짜이날

💬 환승수속은 어디서 하면 됩니까?

换乘手续在哪儿办?

Huàn chéng shǒu xù zài nǎr bàn

환청셔우쒸 짜이날빤

💬 환승시간까지 얼마나 남았습니까?

离换乘时间还有多少?

Lí huàn chéng shí jiān hái yǒu duō shǎo

리환청스지엔 하이여우 뚸샤오

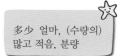
多少 얼마, (수량의)
많고 적음, 분량

● 환승은 몇 시부터 시작합니까?

从几点开始换乘?

Cóng jǐ diǎn kāi shǐ huàn chéng

총지디엔 카이스 환청

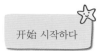

开始 시작하다

Unit 5 페리(선박)를 이용할 때

● (승선권을 보이며) 제 선실은 어딘가요?

我的客舱在哪里?

Wǒ de kè cāng zài nǎ lǐ

워더커창 짜이나리

● 천진에는 언제 도착합니까?

几点到天津?

Jǐ diǎn dào Tiān jīn

지디엔따오 티엔진

● 어느 것이 제 침구입니까?

哪些是我的卧具?

Nǎ xiē shì wǒ de wò jù

나씨에스 워더워쥐

● 매점은 어디에 있습니까?

小卖部在哪里?

Xiǎo mài bù zài nǎ lǐ

씨아오마이뿌 짜이나리

● 식당은 있습니까?

有餐厅吗?

Yǒu cān tīng mà

여우 찬팅마

💬 상하이까지 몇 시간 걸립니까?

到上海要几个小时？

Dào Shàng hǎi yào jǐ ge xiǎo shí

따오샹하이 야오지거씨아오스

💬 파도는 거칩니까?

浪大吗？

Làng dà mà

랑따마

💬 날씨는 좋습니까?

天气好吗？

Tiān qì hǎo mà

티엔치 하오마

💬 뱃멀미를 하는데요.

我晕船了。

Wǒ yūn chuán le

워 윈촨러

💬 (뱃멀미로) 토할 것 같습니다.

想吐。

Xiǎng tǔ

씨앙투

想 추측하다, 예상하다,
~일 것이라고 여기다

💬 의무실로 데리고 가 주십시오.

请带我去医务室。

Qǐng dài wǒ qù yī wù shì

칭따이워 취 이우스

공항에 도착해서

중국 공항에 도착하면 边防检察(biānfángjiánchá)에서 입국 수속이 진행됩니다. 여권과 입국신고서를 제출하여 입국의 법적인 확인을 받으면 곧 비자에 스탬프를 찍어 통관을 의미합니다. 세관 신고서에 자신의 소지품으로 신고한 카메라, 무비카메라, 녹음기 같은 것을 귀국할 때 다시 가지고 와야 하며 중국의 누구에게 선물로 주어서는 절대 안 됩니다.

Unit 1 입국심사를 받을 때

💬 **여권 좀 보여 주시겠습니까?**
可以出示一下护照吗?
Kě yǐ chū shì yí xià hù zhào ma
커이 추스이 씨아후자오마

💬 **입국 목적은 무엇입니까?**
入国的目的是什么?
Rù guó de mù di shì shén me
루궈더무디스 션머

💬 **관광입니다.**
是观光。
Shì guān guāng
스꽌꾸왕

💬 **사업입니다.**
是公事。
Shì gōng shì
스꽁스

💬 유학입니다.

留学。

Liú xué

리우쉐

💬 얼마나 체재하십니까?

滞留多长时间？

Zhì liú duō cháng shí jiān

즈리우 뚸창스지엔

💬 1주일 체재합니다.

滞留一周。

Zhì liú yì zhōu

즈리우 이저우

💬 어디에 머무십니까?

在哪儿滞留？

Zài nǎr zhì liú

짜이날 즈리우

💬 ○○호텔에 머뭅니다.

在○○宾馆滞留。

Zài bīn guǎn zhì liú

짜이○○삔꽌 즈리우

💬 (메모를 보이며) 숙박처는 이 호텔입니다.

我会住在这个酒店。

Wǒ huì zhù zài zhè ge jiǔ diàn

워후이 쭈짜이 쩌거 지우디엔

💬 (호텔은) 아직 정하지 않았습니다.

还没有决定。

Hái méi yǒu jué dìng

하이메이여우 쥐에띵

多长时间은 시간을 물어보는 의문사이다. 이처럼 앞에 多를 사용해서 측정 가능한, 즉 수로 표현할 수 있는 대상에 관해 물어본다. 나이를 물어볼 때는 多大를 사용한다.

💬 (호텔은) 단체여행이라서 잘 모릅니다.

因为是集体旅行，所以不清楚。

Yīn wéi shì jí tǐ lǚ xíng suǒ yǐ bù qīng chǔ

인웨이스 지티뤼싱 쉬이 뿌칭추

因为~, 所以~ 「~이기
때문에, 그래서 ~하다」

💬 돌아가는 항공권은 가지고 계십니까?

回去时候的机票在手里吗?

Huí qù shí hòu de jī piào zài shǒu lǐ mà

훼이취스허우 더지퍄오 짜이셔우리마

💬 네, 가지고 있습니다.

是，在手里。

Shì zài shǒu lǐ

스 짜이셔우리

💬 현금은 얼마나 가지고 있습니까?

有多少现金?

Yǒu duō shǎo xiàn jīn

여우뚸샤오 씨엔진

💬 800위안 정도입니다.

八百元左右。

Bā bǎi yuán zuǒ yòu

빠바이위엔 쭤여우

左右 가량, 안팎,
내외, 정도, 만큼

💬 이 나라는 처음입니까?

这个国家第一次来吗?

Zhè ge guó jiā dì yí cì lái mà

쩌거꿔쟈 띠이츠 라이마

💬 네, 처음입니다.

是，第一次来。

Shì dì yí cì lái

스 띠이츠라이

💬 됐습니다.

可以了。

Kě yǐ le

커이러

┌──────────────────────────────────────┐
│ Unit 2   짐을 찾을 때 │
└──────────────────────────────────────┘

💬 짐은 어디서 찾습니까?

行李到哪取？

Xíng lǐ dào nǎ qǔ

싱리 따오나 취

💬 이건 714편 턴테이블입니까?

这个行李转动机是七一四号班机。

Zhè ge xíng lǐ zhuǎn dòng jī shì qī yào sì hào bān jī

쩌거씽리 쫜 똥지스 치야오쓰하오 빤지

💬 714편 짐은 나왔습니까?

七一四号行李出来了吗？

qī yào sì hào xíng lǐ chū lái le mǎ

치야오쓰하오싱리 추라이러마

💬 어째서 제 짐은 찾을 수 없지요?

怎么找不到我的行李？

Zěn me zhǎo bù dào wǒ de xíng lǐ

쩐머 자오부따오 워더씽리

💬 이게 수화물인환증입니다.

这是行李单。

Zhè shì xíng lǐ dān

쩌쓰 씽리딴

💬 당장 보상해 주세요.

请立刻赔偿我。

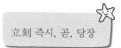

立刻 즉시, 곧, 당장

Qǐng lì kè péi cháng wǒ

칭 리커 페이창 워

Unit 3　세관검사를 받을 때

💬 여권과 신고서를 보여 주십시오.

请出示申请书和护照。

出示 제시하다,
내보이다

Qǐng chū shì shēn qǐng shū hé hù zhào

칭 추스 션칭수 허 후자오

💬 세관신고서는 가지고 계십니까?

税关申请书在手里吗？

Shuì guān shēn qǐng shū zài shǒu lǐ mǎ

수이 꽌 션칭수 짜이 셔우리마

💬 신고서는 가지고 있지 않습니다.

申请书不在手里。

Shēn qǐng shū bù zài shǒu lǐ

션칭수 부짜이 셔우리

💬 신고할 것은 있습니까?

有什么要申请的吗？

Yǒu shén me yào shēn qǐng de mǎ

여우션머 야오 션칭더마

💬 일용품뿐입니다.

就只有日用品。

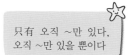

只有 오직 ~만 있다,
오직 ~만 있을 뿐이다

Jiù zhǐ yǒu rì yòng pǐn

지우즈여우 르용핀

💬 이 가방을 열어 주십시오.

请打开这个包。

Qǐng dǎ kāi zhè ge bāo

칭따카이 쩌거빠오

打开 열다

💬 안에 무엇이 있습니까?

里面有什么?

Lǐ miàn yǒu shén me

리미엔 여우션머

💬 이건 뭡니까?

这是什么?

Zhè shì shén me

쩌스 션머

💬 친구에게 줄 선물입니다.

给朋友的礼物。

Gěi péng yǒu de lǐ wù

게이 펑여우더 리우

💬 다른 짐은 있나요?

有其他的行李吗?

Yǒu qí tā de xíng lǐ mà

여우 치타더 씽리마

💬 이건 과세 대상이 됩니다.

这个东西需要交税。

Zhè ge dōng xi xū yào jiāo shuì

쩌거똥씨 쉬야오 쟈오수이

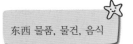
东西 물품, 물건, 음식

💬 과세액은 얼마입니까?

税额是多少?

Shuì è shì duō shǎo

수이어스 뚸샤오

Unit 4 관광안내소에서

💬 관광안내소는 어디에 있습니까?

观光介绍所在哪儿？

Guān guāng jiè shào suǒ zài nǎr

꽌꾸왕지에샤오쒀 짜이날

💬 시가지도와 관광 팜플렛을 주시겠어요?

请给我城市地图和简介。

Qǐng gěi wǒ chéng shì dì tú hé jiǎn jiè

칭게이워 청스띠투 허지엔지에

> 简介 간단한 설명(하다),
> 간단한 소개(하다)

💬 매표소는 어디에 있습니까?

售票处在哪里？

Shòu piào chù zài nǎ lǐ

셔우퍄오추 짜이나리

💬 호텔 리스트는 있습니까?

有宾馆介绍吗？

Yǒu bīn guǎn jiè shào ma

여우삔꽌 지에샤오마

💬 여기서 렌터카를 예약할 수 있습니까?

在这里可以借到车吗？

Zài zhè lǐ kě yǐ jiè dào chē ma

짜이쩌리 커이 지에따오처마

💬 출구는 어디입니까?

出口在哪里？

Chū kǒu zài nǎ lǐ

추커우 짜이나리

Unit 5 포터를 이용할 때

💬 포터를 찾고 있습니다.

正在找行李员。
Zhèng zài zhǎo xíng lǐ yuán
쩡짜이자오 씽리위엔

💬 포터를 불러 주세요.

请叫行李员。
Qǐng jiào xíng lǐ yuán
칭쟈오 씽리위엔

💬 이 짐을 택시승강장까지 옮겨 주세요.

请把这行李运到出租车乘车处。
Qǐng bǎ zhè xíng lǐ yùn dào chū zū chē chéng chē chù
칭바 쩌씽리 윈따오 추주처청처추

💬 이 짐을 버스정류소까지 옮겨 주세요.

请把这行李运到公共汽车站。
Qǐng bǎ zhè xíng lǐ yùn dào gōng gòng qì chē zhàn
칭빠 쩌씽리 윈따오 꽁꽁치처잔

💬 카트는 어디에 있습니까?

手推车在哪里?
Shǒu tuī chē zài nǎ lǐ
셔우퇴이처 짜이나리

> 手推车 손으로 미는 차, 즉 카트

💬 고맙습니다. 얼마입니까?

谢谢, 多少钱?
Xiè xie duō shǎo qián
씨에씨에 뚸샤오치엔

Chapter 03 호텔을 이용할 때

외국인이 이용하는 호텔은 거의 일류호텔로 이름
은 각기 다릅니다. 饭店(fàndiàn), 宾馆(bīnguǎn),
大酒店(dàjiǔdiàn) 등으로 부르며, 이러한 호텔의
등급은 별이 몇 개인가로 구분됩니다. 별이 다섯
개인 호텔은 五星级(wǔxīngjí)로 최고급 호텔입
니다. 예를 들면 北京饭店(běijīngfàndiàn)이 최

고급인데 이런 호텔에는 환전소, 매점, 이발소, 우체국 등 부대시설이
완벽하게 갖추어져 있습니다.

Unit 1 체크인할 때

💬 예약은 하셨습니까?

您预约了吗?
Nín yù yuē le mà
닌 위위에러마

💬 예약했습니다.

预约了。
Yù yuē le
위위에러

💬 확인서는 여기 있습니다.

确认书在这里。
Què rèn shū zài zhè lǐ
췌런수 짜이쩌리

💬 예약은 한국에서 했습니다.

在韩国预约的。
Zài hán guó yù yuē de
짜이한궈 위위에더

💬 아직 예약을 하지 않았습니다.

还没(有)预约。

Hái méi yǒu yù yuē

하이메이(여우) 위위에

여기서 有는 생략 가능하다.

💬 오늘밤 빈방은 있습니까?

今晚有空房间吗?

Jīn wǎn yǒu kōng fáng jiān mà

찐완 여우콩팡지엔마

今晚은 「今天(오늘)」과 「晚上(저녁)」을 합쳐놓은 말이다.

💬 성함을 말씀하십시오.

请说姓名。

Qǐng shuō xìng míng

칭숴 씽밍

💬 숙박 쿠폰을 가지고 있습니다.

住宿券在我手里。

Zhù sù quàn zài wǒ shǒu lǐ

주쑤췐 짜이 워셔우리

💬 조용한 방으로 부탁합니다.

请给我个安静的房间。

Qǐng gěi wǒ ge ān jìng de fáng jiān

칭게이워거 안징더 팡지엔

💬 전망이 좋은 방으로 부탁합니다.

请给我个能看风景的房间。

Qǐng gěi wǒ ge néng kàn fēng jǐng de fáng jiān

칭게이워거 넝칸펑징더 팡지엔

Unit 2 방으로 들어갈 때

💬 방을 보여 주세요.

请给我看一下房间。

Qǐng gěi wǒ kàn yí xià fáng jiān

칭게이워 칸이씨아 팡지엔

💬 좀더 큰 방은 없습니까?

有更大一点的房间吗?

Yǒu gēng dà yì diǎn de fáng jiān mǎ

여우껑따이디엔더 팡지엔마

更은 비교를 할 때 쓰이며 「더욱이」라고 해석한다.

💬 좀더 좋은 방은 없습니까?

有没有更好的房间?

Yǒu méi yǒu gēng hǎo de fáng jiān

여우메이여우 껑하오더 팡지엔

有没有는 「긍정 + 부정」의 형태로 정반의문문이다.

💬 이 방으로 하겠습니다.

就住这个房间吧。

Jiù zhù zhè ge fáng jiān bā

지우쭈 쩌거 팡지엔바

💬 숙박카드에 기입해 주십시오.

请记录到住宿卡里。

Qǐng jì lù dào zhù sù kǎ lǐ

칭지루따오 쭈쑤카리

卡 카드(card)

💬 이게 방 열쇠입니다.

这是房间钥匙。

Zhè shì fáng jiān yào shi

쩌스 팡지엔 야오스

💬 귀중품을 보관해 주시겠어요?
可以保管贵重物品吗?
Kě yǐ bǎo guǎn guì zhòng wù pǐn mà
커이 빠오꽌 꾸이종우핀마

💬 종업원이 방으로 안내하겠습니다.
服务员会带您到房间。
Fú wù yuán huì dài nín dào fáng jiān
푸우위엔 후이따이닌 따오 팡지엔

💬 짐을 방까지 옮겨 주겠어요?
能把行李搬到房间吗?
Néng bǎ xíng lǐ bān dào fáng jiān mà
넝바씽리 빤따오 팡지엔마

> 行李 여행짐, 행장, 수화물

💬 여기가 손님방입니다.
这就是客人的房间。
Zhè jiù shì kè rén de fáng jiān
쩌지우스 커런더 팡지엔

Unit 3 룸서비스를 부탁할 때

💬 룸서비스를 부탁합니다.
请叫房间服务员。
Qǐng jiào fáng jiān fú wù yuán
칭자오 팡지엔 푸우위엔

💬 내일 아침 8시에 아침을 먹고 싶은데요.
我想明天早上八点钟吃早餐。
Wǒ xiǎng míng tiān zǎo shàng bā diǎn zhōng chī zǎo cān
워씨앙 밍티엔 짜오샹 빠디엔종 츠자오찬

💬 여기는 1234호실입니다.

这里是一二三四房间。

Zhè lǐ shì yāo èr sān sì fáng jiān

쩌리스 야오얼싼쓰 팡지엔

💬 도와주시겠어요?

能帮忙吗?

Néng bāng máng mà

넝 빵망마

이 표현은 정반의문문인 能不能帮忙?으로 바꿔 쓸 수 있다.

💬 어느 정도 시간이 걸립니까?

需要多长时间?

Xū yào duō cháng shí jiān

쉬야오 뚸창스지엔

💬 세탁 서비스 항목은 있습니까?

有洗衣服务项目吗?

Yǒu xǐ yī fú wù xiàng mù mà

여우 씨이푸우 씨앙무마

💬 따뜻한 마실 물이 필요한데요.

需要开水。

Xū yào kāi shuǐ

쉬야오 카이쉐이

중국에서는 물이 귀하다. 식당에서건 물을 시키는 경우가 많은데, 일반적으로 물을 달라고 할 때는 开水를 쓴다. 문장 해석상 뜨거운 물이라고 해석했지만 开水는 끓인 물이라고 생각하면 된다.

💬 마사지를 부탁합니다.

请给我按摩。

Qǐng gěi wǒ àn mó

칭게이워 안모

💬 식당 예약 좀 해 주시겠어요?

请帮我预定位子。

Qǐng bāng wǒ yù dìng wèi zi

칭빵워 위딩 웨이즈

Unit 4   모닝콜과 전화를 할 때

💬 **모닝콜을 부탁합니다.**

需要叫早。

Xū yào jiào zǎo

쉬야오 쟈오자오

💬 **몇 시에 말입니까?**

几点钟?

Jǐ diǎn zhōng

지디엔종

💬 **7시에 부탁합니다.**

七点钟。

Qī diǎn zhōng

치디엔종

💬 **방 번호를 말씀하십시오.**

请告诉我您的房间号。

Qǐng gào sù wǒ nín de fáng jiān hào

칭까오수워 닌더 팡지엔하오

💬 **한국으로 전화를 하고 싶은데요.**

我想往韩国打电话。

Wǒ xiǎng wǎng hán guó dǎ diàn huà

워씨앙 왕한궈 따띠엔화

> 打电话 전화를 걸다 ↔ 挂(guà)电话 전화를 끊다

Unit 5   룸서비스가 들어올 때

💬 **(노크하면) 누구십니까?**

您是谁?

Nín shì shéi

닌스쉐이

💬 잠시 기다리세요.
请稍等。
Qǐng shāo děng
칭샤오덩

💬 들어오세요.
请进。
Qǐng jìn
칭진

💬 이건 팁입니다.
这是小费。
Zhè shì xiǎo fèi
쩌스 씨아오페이

Unit 6 호텔 내의 시설을 이용할 때

💬 자판기는 있습니까?
有自动售货机吗?
Yǒu zì dòng shòu huò jī mà
여우 쯔동셔우훠지마

💬 식당은 어디에 있습니까?
餐厅在哪儿?
Cān tīng zài nǎr
찬팅 짜이날

💬 아침식사는 어디서 합니까?
请问, 在哪儿吃早餐?
Qǐng wèn zài nǎ ér chī zǎo cān
칭원 짜이날 츠짜오찬

💬 몇 시까지 영업합니까?

营业到几点？

Yíng yè dào jǐ diǎn

잉예따오 지디엔

💬 테니스코트는 있습니까?

有网球场吗？

Yǒu wǎng qiú chǎng mà

여우 왕치우창마

💬 커피숍은 어디에 있습니까?

咖啡厅在哪儿？

Kā fēi tīng zài nǎr

카페이팅 짜이날

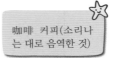

咖啡 커피(소리나는 대로 음역한 것)

💬 바는 언제까지 합니까?

酒吧营业到几点？

Jiǔ bā yíng yè dào jǐ diǎn

지우바잉예 따오 지디엔

💬 이메일을 체크하고 싶은데요.

我想检查我的电子邮件。

Wǒ xiǎng jiǎn chá wǒ de diàn zi yóu jiàn

워씨앙 지엔차 워더 띠엔즈 여우지엔

💬 팩스(복사기)는 있습니까?

有传真机(复印机)吗？

Yǒu chuán zhēn jī fù yìn jī mà

여우 촨쩐지(푸인지)마

💬 여기서 관광버스 표를 살 수 있습니까?

在这里可以买观光车票吗?

Zài zhè lǐ kě yǐ mǎi guān guāng chē piào mà

짜이쩌리 커이마이 꽌꾸왕처퍄오마

💬 미용실은 어디입니까?

美容院在哪儿?

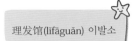

理发馆(lifàguǎn) 이발소

Měi róng yuàn zài nǎr

메이롱위엔 짜이날

💬 계산은 방으로 해 주세요.

请一起算到房费里。

Qǐng yī qǐ suàn dào fáng fèi lǐ

칭 이치쏸따오 팡페이리

Unit 7 방으로 들어갈 수 없을 때

💬 마스터키를 부탁합니다.

请给我钥匙的原本可以吗?

Qǐng gěi wǒ yào shí de yuán běn kě yǐ mà

칭게이워 야오스더 위엔뻔 커이마

💬 열쇠가 잠겨 방에 들어갈 수 없습니다.

房门锁着进不去。

进不去 들어갈 수 없다 ↔
进得去 들어갈 수 있다

Fáng mén suǒ zhe jìn bù qù

팡먼쒀저 찐부취

💬 열쇠를 방에 두고 나왔습니다.

钥匙落在房里了。

落 빠뜨리다, 놔두고 가져오
는(가는) 것을 잊어버리다

Yào shí là zài fáng lǐ le

야오스 라짜이 팡리러

💬 카드키는 어떻게 사용합니까?

钥匙卡怎么用？

Yào shi kǎ zěn me yòng

야오스카 쩐머용

💬 방 번호를 잊어버렸습니다.

忘了房间号码。

Wàng le fáng jiān hào mǎ

왕러 팡지엔 하오마

💬 복도에 이상한 사람이 있습니다.

走廊有奇怪的人。

Zǒu láng yǒu qí guài de rén

저우랑 여우치꽈이더런

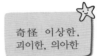

奇怪 이상한,
괴이한, 의아한

(Unit 8) 호텔에서의 트러블

💬 옆방이 무척 시끄럽습니다.

隔壁房间太吵了。

Gé bì fáng jiān tài chǎo le

거삐 팡지엔 타이차오러

吵 시끄럽다, 떠들썩하다

💬 (시끄러워서) 잠을 잘 수 없습니다.

太吵了, 睡不着觉。

Tài chǎo le shuì bù zháo jiao

타이차오러 쉐이부자오쟈오

💬 다른 방으로 바꿔 주시겠어요?

请给我换别的房间。

Qǐng gěi wǒ huàn bié de fáng jiān

칭게이워환 삐에더 팡지엔

💬 물이 샙니다.

漏水。

Lòu shuǐ

러우쉐이

💬 뜨거운 물이 나오지 않는데요.

不出热水。

Bù chū rè shuǐ

뿌추 러쉐이

💬 화장실 물이 잘 흐르지 않습니다.

洗手间水流不好。

Xǐ shǒu jiān shuǐ liú bù hǎo

시셔우지엔 쉐이리우 뿌하오

💬 수도꼭지가 고장났습니다.

水龙头出故障了。

Shuǐ lóng tóu chū gù zhàng le

쉐이롱터우 추꾸장러

💬 물이 뜨겁지 않습니다.

水不烫。

Shuǐ bù tàng

쉐이부탕

💬 빨리 고쳐 주세요.

请快帮我修一下。

Qǐng kuài bāng wǒ xiū yí xià

칭콰이빵워 씨우이씨아

💬 방 청소가 아직 안 되었습니다.

房间还没(有)打扫。

Fáng jiān hái méi yǒu dǎ sǎo

팡지엔 하이메이(여우)따사오

여기서 有는 생략이 가능하다.

💬 방이 아직 청소되어 있지 않습니다.

房间还没打扫干净。

Fáng jiān hái méi dǎ sǎo gān jìng
팡지엔 하이메이 따싸오 깐징

干净은 「깨끗하다, 청결하다」라
는 뜻의 형용사로 이 문장에서
청소의 결과를 나타내주고 있다.

💬 미니바가 비어 있습니다.

迷你巴台空了。

Mí nǐ bā tái kōng le
미니바타이 콩러

💬 타월을 바꿔 주세요.

请帮我换手巾。

Qǐng bāng wǒ huàn shǒu jīn
칭빵워 환셔우진

💬 텔레비전 화면이 나오지 않습니다.

电视机没有画面。

Diàn shì jī méi yǒu huà miàn
띠엔스지 메이여우 화미엔

(Unit 9) 체크아웃을 준비할 때

💬 체크아웃은 몇 시입니까?

退房是几点?

Tuì fáng shì jǐ diǎn
투이팡스 지디엔

💬 체크아웃 시간은 몇 시까지입니까?

退房截止时间是几点?

Tuì fáng jié zhǐ shí jiān shì jǐ diǎn
투이팡 지에즈스지엔 스지디엔

💬 몇 시에 떠날 겁니까?

几点钟离开?

Jǐ diǎn zhōng lí kāi

지디엔쫑 리카이

💬 하룻밤 더 묵고 싶은데요.

想再住一晚。

Xiǎng zài zhù yì wǎn

씨앙짜이 쭈이완

💬 하루 일찍 떠나고 싶은데요.

想提前一天离开。

Xiǎng tí qián yì tiān lí kāi

씨앙티 치엔이티엔 리카이

💬 오전까지 방을 쓸 수 있나요?

房间可以用到上午吗?

Fáng jiān kě yǐ yòng dào shàng wǔ mà

팡지엔 커이용따오 샹우마

💬 오전 10시에 택시를 불러 주세요.

请帮我上午十点钟叫出租车。

Qǐng bāng wǒ shàng wǔ shí diǎn zhōng jiào chū zū chē

칭빵워 샹우스디엔쫑 쨔오추주처

💬 차를 한 대 불러주십시오.

请给我叫一辆车。

Qǐng gěi wǒ jiào yí liàng chē

칭게이워 쨔오이량처

Unit 10 체크아웃할 때

💬 (전화로) 체크아웃을 하고 싶은데요.

我想退房。

Wǒ xiǎng tuì fáng

워씨앙 투이팡

💬 몇 호실입니까?

多少房间?

Duō shǎo fáng jiān

뛰샤오 팡지엔

💬 1234호실 홍길동입니다.

我是一二三四号房间的洪吉童。

Wǒ shì yāo èr sān sì hào fáng jiān de hóng jí tóng

워스 야오얼싼쓰하오 팡지엔더 홍지통

💬 열쇠를 주시겠습니까?

麻烦您交出钥匙。

Má fán nín jiāo chū yào chí

마판닌 쟈오추 야오츠

💬 포터를 보내 주세요.

请给我叫一下行李员。

Qǐng gěi wǒ jiào yí xià xíng lǐ yuán

칭게이워 쟈오이씨아 싱리위엔

💬 맡긴 귀중품을 꺼내 주세요.

请给我寄存的贵重物品。

Qǐng gěi wǒ jì cún de guì zhòng wù pǐn

칭게이워 지춘더 꾸이종우핀

💬 출발할 때까지 짐을 맡아 주시겠어요?

出发之前能给我看一下行李吗?

Chū fā zhī qián néng gěi wǒ kàn yí xià xíng lǐ mà

추파즈치엔 넝게이워 칸이씨아 씽리마

💬 방에 물건을 두고 나왔습니다.

我把东西忘在房间里了。

Wǒ bǎ dōng xī wàng zài fáng jiān lǐ le

워바똥시 왕짜이 팡지엔리러

(Unit 11) 계산을 할 때

💬 계산을 부탁합니다.

请结帐。

Qǐng jié zhàng

칭 지에장

💬 신용카드도 됩니까?

刷卡可以吗?

Shuā kǎ kě yǐ mà

솨카 커이마

💬 여행자수표도 됩니까?

旅行者支票可以吗?

Lǚ xíng zhě zhī piào kě yǐ mà

뤼싱저 즈퍄오 커이마

💬 전부 포함된 겁니까?

全包括在内吗?

Quán bāo kuò zài nèi mà

췐빠오쿼 짜이네이마

💬 이것은 무슨 비용입니까?

这是什么费用?

Zhè shì shén me fèi yòng

쩌스 션머페이용

💬 이 항목들을 설명해주실 수 있습니까?

能说明这些收费项目吗?

Néng shuō míng zhè xiē shōu fèi xiàng mù ma

넝쉬밍 쩌씨에 셔우페이 씨앙무마

💬 계산이 틀린 것 같은데요.

好象计算错了。

Hǎo xiàng jì suàn cuò le

하오씨앙 지쏸춰러

💬 고맙습니다. 즐겁게 보냈습니다.

谢谢! 我过得很好。

Xiè xie wǒ guò dé hěn hǎo

씨에씨에 워꿔더 헌하오

식당을 이용할 때

중국의 음식에는 재료가 정말 다양합니다. 중국은 희귀한 재료의 음식이 많습니다. 대표적인 예로「상어힘줄요리」와「원숭이골 요리」등이 있습니다. 우리의 음식 문화와는 달리 중국음식은 기름진 음식이 많기 때문에 여행시에 미리 알아두도록 합시다. 중국의「메뉴菜单(càidān)」에 나와

있는 요리들은 대개 소재, 형태, 양념, 조리법 순의 조합으로 이루어져 있습니다. 그래서 한자의 의미를 알면 어떤 요리인지 어느 정도 짐작할 수 있습니다.

Unit 1 식당을 찾을 때

💬 이 근처에 맛있게 하는 음식점은 없습니까?

这附近有特别好吃的饭店吗?
Zhè fù jìn yǒu tè bié hǎo chī de fàndiàn mǎ
쩌푸진 여우 터비에 하오츠더 판디엔마

💬 이곳에 한국 식당은 있습니까?

这里有韩国饭店吗?
Zhè li yǒu hán guó fàn diàn mǎ
쩌리 여우 한궈 판띠엔마

💬 이 지방의 명물요리를 먹고 싶은데요.

我想吃这地方的特色菜。
Wǒ xiǎng chī zhè dì fāng de tè sè cài
워씨앙츠 쩌띠팡더 터써차이

💬 음식을 맛있게 하는 가게가 있으면 가르쳐 주세요.

如果有不错的餐厅请告诉我。

Rú guǒ yǒu bù cuò de cān tīng qǐng gào sù wǒ

루궈 여우 부춰더찬팅 칭까오수워

💬 싸고 맛있는 가게는 있습니까?

有既便宜又好吃的店铺吗?

Yǒu jì piàn yí yòu hǎo chī de diàn pū mà

여우 지피엔이 여우 하오츠더 띠엔푸마

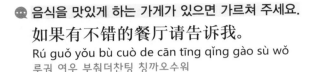

有 ~ 吗? ~있습니까?,
既 ~ 又 ~하기도 하고
~하기도 하다

💬 가볍게 식사를 하고 싶은데요.

想随便吃点东西。

Xiǎng suí biàn chī diǎn dōng xī

씨앙 수이비엔츠 디엔똥시

东西 음식

💬 이 시간에 문을 연 가게는 있습니까?

这个时候有营业的店吗?

Zhè ge shí hòu yǒu yíng yè de diàn mà

쩌거스허우 여우잉예더 띠엔마

💬 (책을 보이며) 이 식당은 어디에 있습니까?

这个饭店在哪儿?

Zhè ge fàn diàn zài nǎr

쩌거판디엔 짜이날

💬 이 지도 어디에 있습니까?

在这个地图的哪个位置?

Zài zhè ge dì tú de nǎ ge wèi zhì

짜이 쩌거띠투더 나거웨이즈

💬 걸어서 갈 수 있습니까?

能走着去吗?

Néng zǒu zhe qù mà

넝저우저 취마

💬 몇 시부터 엽니까?

从几点开始?

Cóng jǐ diǎn kāi shǐ

총지디엔 카이스

开始 시작하다, 착수하다
↔ 闭(bì) 닫다

💬 조용한 분위기의 레스토랑이 좋겠습니다.

喜欢安静的餐厅。

Xǐ huan ān jìng de cān tīng

시환 안징더 찬팅

餐厅 식당

💬 붐비는 레스토랑이 좋겠습니다.

喜欢热闹的餐厅。

Xǐ huan rè nào de cān tīng

시환 러나오더 찬팅

💬 식당이 많은 곳은 어디입니까?

饭店多的地方是哪儿?

Fàn diàn duō de dì fang shì nǎr

판띠엔 뚸더 띠팡스날

💬 로마라는 이탈리아 식당을 아십니까?

知道叫罗马的意大利餐厅吗?

Zhī dào jiào luó mǎ de yì dà lì cān tīng ma

즈다오 쟈오 뤄마더 이따리찬팅마

意大利 이탈리아(음역)
罗马 로마(음역)

💬 이곳 사람들이 많이 가는 식당은 있습니까?

饭店 호텔, 여관,
레스토랑, 식당

有没有这个地方的人常去的饭店?

Yǒu méi yǒu zhè ge dì fāng de rén cháng qù de fàn diàn

여우메이여우 쩌거디팡더런 창취더 판디엔

💬 예약이 필요한가요?

需要预定吗?

Xū yào yù dìng ma

쉬야오 위딩마

Unit 2 식당을 예약할 때

💬 그 레스토랑을 예약해 주세요.

请给我预约那个餐厅。

Qǐng gěi wǒ yù yuē nà ge cān tīng

칭게이워 위위에 나거찬팅

💬 여기서 예약할 수 있나요?

在这里可以预约吗?

Zài zhè lǐ kě yǐ yù yuē mà

짜이쩌리 커이 위위에마

💬 오늘밤 예약하고 싶은데요.

想今天晚上预约。

Xiǎng jīn tiān wǎn shàng yù yuē

씨앙 찐티엔완샹 위위에

💬 손님은 몇 분이십니까?

几位客人?

Jǐ wèi kè rén

지웨이 커런

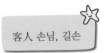
客人 손님, 길손

💬 오후 6시 반에 5명이 갑니다.

下午六点半去五名。

Xià wǔ liù diǎn bàn qù wǔ míng

씨아우 리우디엔빤 취우밍

💬 전원 같은 자리로 해 주세요.

我希望全体坐在一起。

Wǒ xī wàng quán tǐ zuò zài yì qǐ

워씨왕 췐티 쭤짜이이치

💬 거기는 어떻게 갑니까?

那儿怎么去?

Nà r zěn me qù
날 쩐머취

💬 몇 시라면 좋으시겠습니까?

最好几点钟?

Zuì hǎo jǐ diǎn zhōng
쭈이하오 지디엔종

💬 몇 시라면 자리가 납니까?

几点中有位子吗?

Jǐ diǎn zhōng yǒu wèi zǐ mà
지디엔종 여우웨이즈마

💬 복장에 규제는 있습니까?

服装有规定吗?

Fú zhuāng yǒu guī dìng mà
푸쫭 여우꾸이딩마

💬 금연(흡연)석으로 부탁합니다.

我想定一个禁烟(吸烟)席的位子。

Wǒ xiǎng dìng yī ge jìn yān xī yān xí de wèi zǐ
워씨앙 띵이거 찐옌(씨옌)씨더웨이즈

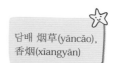
담배 烟草(yāncǎo),
香烟(xiāngyān)

💬 미안합니다. 예약을 취소하고 싶습니다.

对不起我想取消预定。

Duì bu qǐ wǒ xiǎng qǔ xiāo yù dìng
뚜이부치 워씨앙 취씨아오 위딩

Unit 3 자리에 앉을 때까지

💬 안녕하세요. 예약은 하셨습니까?

您好，预约了吗？

Nín hǎo yù yuē le mǎ

닌하오 위위에러마

💬 6시에 예약한 홍길동입니다.

六点钟预约的洪吉童。

Liù diǎn zhōng yù yuē de Hóng jí tóng

리우디엔종 위위에더 홍지통

💬 예약을 하지 않았습니다.

没有预约。

Méi yǒu yù yuē

메이여우 위위에

💬 몇분이십니까?

几位？

Jǐ wèi

지웨이

几个人(jīgèrén) 몇 사람,
口位人(kǒuwèirén) 몇 분(경어)

💬 안내해드릴 때까지 기다려 주십시오.

请稍等，一会儿有人会来招呼您。

Qǐng shāo děng yí huì r yǒu rén huì lái zhāo hū nín

칭샤오덩 이후얼 여우런 훼이라이 자오후닌

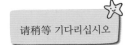

请稍等 기다리십시오

💬 조용한 안쪽 자리로 부탁합니다.

请给我里面安静的位子。

Qǐng gěi wǒ lǐ miàn ān jìng de wèi zi

칭게이워 리미엔 안징더웨이즈

Unit 4   메뉴를 볼 때

💬 메뉴 좀 보여 주세요.

请给我看菜单。

Qǐng gěi wǒ kàn cài dān

칭게이워 칸차이딴

💬 한국어 메뉴는 있습니까?

有韩国语菜单吗?

Yǒu hán guó yǔ cài dān mà

여우 한궈위 차이딴마

💬 메뉴에 대해서 가르쳐 주세요.

对于这个菜单请给我介绍一下。

Duì yú zhè ge cài dān qǐng gěi wǒ jiè shào yí xià

뚜이위 쩌거차이딴 칭게이워 지에샤오 이씨아

💬 이 지방의 명물요리는 있습니까?

有这地方的特色料理吗?

Yǒu zhè dì fāng de tè sè liào lǐ mà

여우 쩌띠팡더 터써 랴오리마

💬 무엇을 권하시겠습니까?

要推荐什么?

Yào tuī jiàn shén mà

야오투이지엔 션머

💬 나중에 다시 올래요?

能请您再来一次吗?

Néng qǐng nín zài lái yí cì mà

넝칭닌 짜이라이 이츠마

💬 당신들이 제일 잘하는 요리는 무엇입니까?

你们这儿拿手菜是什么?

Nǐ mén zhèr ná shǒu cài shì shén me

니먼쩔 나셔우차이 스션머

💬 어떤 요리인지 설명해 주시겠어요?

能介绍一下这道菜吗?

Néng jiè shào yí xià zhè dào cài ma

넝지에샤오 이씨아 쩌따오 차이마

(Unit 5) 주문을 받을 때

💬 주문하시겠습니까?

点什么菜?

Diǎn shén me cài

디엔 션머차이

💬 술은 무엇으로 하시겠습니까?

点什么酒?

Diǎn shén me jiǔ

디엔 션머지우

💬 다른 주문은 없으십니까?

还需要别的菜吗?

Hái xū yào bié de cài ma

하이쉬야오 비에더차이마

💬 디저트는 어떻게 하시겠습니까?

想要什么餐后点心?

Xiǎng yào shén me cān hòu diǎn xīn

씨앙야오션머 찬허우 디엔신

Unit 6 주문을 할 때

💬 웨이터, 주문 받아요.

服务员，点菜。

Fú wù yuán diǎn cài

푸우위엔 디엔차이

💬 이것은 무슨 요리입니까?

这是什么菜？

Zhè shì shén me cài

쩌스 셔머차이

💬 여기서 잘하는 요리는 무엇입니까?

这里的拿手好菜是什么？

Zhè lǐ de ná shǒu hǎo cài shì shén me

쩌리더 나셔우하오차이 스셔머

💬 오늘 특별 요리가 있습니까?

今天的特别料理是什么？

Jīn tiān de tè bié liào lǐ shì shén me

찐티엔더 터비에랴오리 스셔머

💬 이것으로 부탁합니다.

我要点这个。

Wǒ yào diǎn zhè ge

워야오 디엔쩌거

💬 (메뉴를 가리키며) 이것과 이것으로 주세요.

请给我这个和这个。

Qǐng gěi wǒ zhè ge hé zhè ge

칭게이워쩌거 허쩌거

💬 저도 같은 것으로 주세요.
也请给我一样的。
Yě qǐng gěi wǒ yí yàng de
예칭게이워 이양더

💬 빨리 되는 것은 있습니까?
有快一点的吗?
Yǒu kuài yì diǎn de mà
여우 콰이이디엔더마

💬 저것과 같은 요리를 주시겠어요?
能给我和那个一样的菜吗?
Néng gěi wǒ hé nà ge yí yàng de cài mà
넝게이워 허나거 이양더차이마

💬 저 사람이 먹고 있는 건 뭡니까?
他们吃的是什么?
Tā mén chī de shì shén mè
타먼츠더 스션머

💬 잠시 후에 주문을 받으시겠습니까?
稍后点菜可以吗?
Shāo hòu diǎn cài kě yǐ mà
샤오 허우디엔차이 커이마

> 「주문하다」라는 표현을 할 때에는 点이라는 동사를 사용하고, 「음식을 주문하다」라고 말 할 때는 点菜라고 한다.

Unit 7 먹는 법과 재료를 물을 때

💬 먹는 법을 가르쳐 주시겠어요?
能告诉我怎么吃吗?
Néng gào su wǒ zěn mè chī mà
넝까오수워 쩐머츠마

이건 어떻게 먹으면 됩니까?

这个怎么吃？

Zhè ge zěn me chī

쩌거 쩐머츠

이 고기는 무엇입니까?

这肉是什么？

Zhèròu shì shén me

쩌러우 스션머

이것은 재료로 무엇을 사용한 겁니까?

这个是拿什么作材料的？

Zhè ge shì ná shén me zuò cái liào de

쩌거스 나션머쭤 차이랴오더

요리재료는 뭡니까?

这道菜的原料是什么？

Zhè dào cài de yuán liào shì shén me

쩌따오차이더 위엔랴오 스션머

Unit 8　필요한 것을 부탁할 때

빵을 좀더 주세요.

请再给我点面包。

Qǐng zài gěi wǒ diǎn miàn bāo

칭짜이게이워 디엔 미엔빠오

디저트 메뉴는 있습니까?

有餐后点心菜谱吗？

Yǒu cān hòu diǎn xīn cài pǔ mà

여우찬허우 디엔신 차이푸마

💬 물 한 잔 주세요.

请给我一杯水。

Qǐng gěi wǒ yi bēi shuǐ

칭게이워 이뻬이쉐이

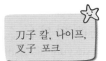

广泉水(guǎngquánshuǐ) 생수

💬 소금 좀 갖다 주시겠어요?

能给我点盐吗?

Néng gěi wǒ diǎn yán mǎ

넝게이워 디엔 옌마

💬 젓가락을 떨어뜨렸습니다.

筷子掉在地上了。

Kuài zi diào zài dì shàng le

콰이즈 따오짜이 띠샹러

💬 나이프(포크)를 떨어뜨렸습니다.

餐刀(叉子)掉了。

Cān dāo Chā zi diào le

찬따오(차즈) 댜오러

刀子 칼, 나이프,
叉子 포크

💬 ~을 추가로 부탁합니다.

请再加点。

qǐng zài jiā diǎn

칭짜이쟈디엔

(Unit 9) 디저트 · 식사를 마칠 때

💬 디저트를 주세요.

请给我餐后点心。

Qǐng gěi wǒ cān hòu diǎn xīn

칭게이워 찬허우 디엔씬

💬 디저트는 뭐가 있나요?

餐后甜品有什么?

Cān hòu tián pǐn yǒu shén me

찬허우 티엔핀 여우션머

💬 (디저트를 권할 때) 아뇨, 됐습니다.

不，谢谢。

Bù xiè xie

뿌 씨에시에

💬 이걸 치워주시겠어요?

能收拾一下这个吗?

Néng shōu shí yí xià zhè ge mǎ

넝셔우스이씨아 쩌거마

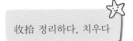

收拾 정리하다, 치우다

💬 맛은 어떻습니까?

味道怎么样?

Wèi dao zěn me yàng

웨이따오 쩐머양

💬 맛있는데요!

很好吃。

Hěn hǎo chī

헌하오츠

💬 (동석한 사람에게) 담배를 피워도 되겠습니까?

可以抽烟吗?

Kě yǐ chōu yān mǎ

커이 처우옌마

Unit 10 술을 주문할 때

💬 이 요리에는 어느 와인이 어울립니까?

这个菜配什么葡萄酒好?

Zhè ge cài pèi shén me pú táo jiǔ hǎo

쩌거차이 페이션머 푸타오지우 하오

💬 글라스로 주문됩니까?

可以按杯预约吗?

Kě yǐ àn bēi yù yuē mà

커이 안뻬이 위위에마

💬 레드와인을 한 잔 주세요.

给我一杯红酒。

Gěi wǒ yí bēi hóng jiǔ

게이워 이뻬이 홍지우

💬 생맥주는 있습니까?

有扎啤吗?

Yǒu zhá pí mà

여우 자피마

💬 식사하기 전에 무슨 마실 것을 드릴까요?

用餐之前需要喝什么饮料?

Yòng cān zhī qián xū yào hē shén me yǐn liào

용찬즈치엔 쉬야오 허션머 인랴요

💬 이 지방의 독특한 술입니까?

是这地方的特色酒吗?

Shì zhè dì fang de tè sè jiǔ mà

스 쩌띠팡더 터써지우마

💬 어떤 맥주가 있습니까?

都有什么啤酒?

Dōu yǒu shén me pí jiǔ
떠우여우 션머피지우

都는 뒤의 의문 대명사에 나타
난 사람이나 사물을 총괄한다.

💬 (웨이터) 음료는 어떻게 하시겠습니까?

需要什么饮料?

Xū yào shén me yǐn liào
쉬야오 션머인랴오

💬 물만 주시겠어요?

能给我水吗?

Néng gěi wǒ shuǐ ma
넝게이워 쉐이마

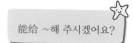

能给 ~해 주시겠어요?

💬 무슨 먹을 것은 없습니까?

有什么能吃的吗?

Yǒu shén me néng chī de ma
여우션머 넝츠더마

💬 어떤 술입니까?

是什么酒?

Shì shén me jiǔ
스 션머지우

💬 좀 가벼운 술이 좋겠습니다.

需要轻一点的酒。

Xū yào qīng yì diǎn de jiǔ
쉬야오 칭이디엔더 지우

Unit 11 술을 마실 때

💬 맥주가 안 차갑네요.

啤酒不凉。

Pí jiǔ bù liáng

피지우 뿌량

💬 건배!

干杯!

Gān bēi

깐뻬이

💬 한 잔 더 주세요.

请再给一杯。

Qǐng zài gěi yì bēi

칭짜이게이 이뻬이

💬 한 병 더 주세요.

请再来一瓶。

Qǐng zài lái yì píng

칭짜이라이 이핑

💬 생수 좀 주세요.

请来一瓶矿泉水。

Qǐng lái yī píng kuàng quán shuǐ

칭라이이핑 쾅췐쉐이

💬 제가 내겠습니다.

我请客。

Wǒ qǐng kè

워칭커

Unit 12 요리가 늦게 나올 때

💬 주문한 게 아직 안 나왔습니다.

点的菜还没出来。

Diǎn de cài hái méi chū lái

디엔더차이 하이메이 추라이

💬 어느 정도 기다려야 합니까?

还得等多长时间？

Hái děi děng duō cháng shí jiān

하이데이덩 뚸창스지엔

💬 아직 시간이 많이 걸립니까?

还得等很长时间吗？

Hái děi děng hěn cháng shí jiān mà

하이데이덩 헌창스지엔마

💬 조금 서둘러 주겠어요?

能快点吗？

Néng kuài diǎn mà

넝 콰이디엔마

💬 벌써 30분이나 기다리고 있습니다.

都已经等三十分钟了。

Dōu yǐ jīng děng sān shí fēn zhōng le

떠우이징떵 산스펀쭝러

💬 커피를 두 잔 부탁했는데요.

要了两杯咖啡。

Yào le liǎng bēi kā fēi

야오러 량뻬이 카페이

💬 이건 주문하지 않았는데요.

没点这个菜。

Méi diǎn zhè ge cài

메이디엔 쩌거차이

💬 주문을 확인해 주겠어요?

能确认一下点的菜吗?

确认 확인하다

Néng què rèn yí xià diǎn de cài mǎ

넝췌런이씨아 디엔더 차이마

💬 주문을 취소하고 싶은데요.

想取消所点的。

Xiǎng qǔ xiāo suǒ diǎn de

씨앙취씨아오 쒀디엔더

💬 주문을 좀 바꿔도 되겠습니까?

能换一下所点的菜吗?

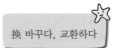
换 바꾸다, 교환하다

Néng huàn yí xià suǒ diǎn de cài mǎ

넝환이씨아 쒀디엔더 차이마

💬 글라스가 더럽습니다.

杯子脏。

Bēi zǐ zàng

뻬이즈 짱

💬 새 것으로 바꿔 주세요.

请给我换新的。

Qǐng gěi wǒ huàn xīn de

칭게이워 환신더

요리에 문제가 있을 때

💬 수프에 뭐가 들어있습니다.

汤里有什么东西。
Tāng lǐ yǒu shén me dōng xī
탕리 여우션머뚱시

💬 요리가 덜 된 것 같네요.

菜没熟。
Cài méi shú
차이 메이수

💬 이 스테이크는 너무 구워졌어요.

牛排烤的太熟了。
Niú pái kǎo de tài shú le
니우파이 카오더 타이수러

💬 이 요리를 데워 주세요.

请热一下这个菜。
Qǐng rè yí xià zhè ge cài
칭러이씨아 쩌거차이

💬 너무 많아서 다 먹을 수 없습니다.

太多了，吃不完。
Tài duō le chī bù wán
타이뚸러 츠부완

> 吃不得(de) 음식이 나빠서 먹을 수 없다
> 吃不了(liǎo) 음식의 양이 많아서 먹을 수 없다
> 吃不起(qǐ) 돈이 없어서(비싸서) 먹을 수 없다

패스트푸드를 주문할 때

💬 이 근처에 패스트푸드점은 있습니까?

这附近有快餐店吗？
Zhè fù jìn yǒu kuài cān diàn ma
쩌푸진 여우 콰이찬디엔마

💬 햄버거하고 커피 주시겠어요?

请给我汉堡和咖啡。

Qǐng gěi wǒ hàn bǎo hé kā fēi

칭게이워 한빠오허카페이

汉堡(hànbǎo) 햄버거
三明治(sānmíngzhì) 샌드위치

💬 겨자를 많이 발라 주세요.

请多给我抹点芥末。

Qǐng duō gěi wǒ mǒ diǎn jiè mò

칭뚸게이워 모디엔 지에모

💬 어디서 주문합니까?

在哪定餐？

Zài nǎ dìng cān

짜이나 띵찬

💬 2번 세트로 주세요.

请给我二号套餐。

Qǐng gěi wǒ èr hào tào cān

칭게이워 얼하오 타오찬

套餐 (조화를 잘 맞춘)
세트 요리

💬 어느 사이즈로 하시겠습니까?

请问要多大尺码的？

Qǐng wèn yào duō dà chǐ mǎ de

칭원 야오뛰다 츠마더

💬 L(M/S) 사이즈를 주세요.

请给我L(M/S)号的。

Qǐng gěi wǒ hào de

칭게이워 L(M/S)하오더

💬 마요네즈는 바르겠습니까?

需要抹蛋黄酱吗？

Xū yào mǒ dàn huáng jiàng mà

쉬야오 모단황쟝마

322

💬 됐습니다.
不用了。
Bù yòng le
부용러

不用了 ~할 필요가 없다

💬 이것을 주세요.
请给我这个。
Qǐng gěi wǒ zhè ge
칭게이워 쩌거

💬 샌드위치를 주세요.
请给我三明治。
Qǐng gěi wǒ sān míng zhì
칭게이워 싼밍즈

💬 케첩을 주세요.
请给我蕃茄酱。
Qǐng gěi wǒ fán qié jiàng
칭게이워 판치에쟝

💬 (재료를 가리키며) 이것을 샌드위치에 넣어 주세요.
请把这个放进三明治里。
Qǐng bǎ zhè ge fàng jìn sān míng zhì lǐ
칭바쩌거 팡진 샨밍즈리

💬 시간이 없으니까, 점심에는 패스트푸드를 먹자.
没时间了，中午就吃快餐吧。
Méi shí jiān le zhōng wǔ jiù chī kuài cān ba
메이스지엔러 쫑우 지우츠 콰이찬바

快餐은 「패스트푸드」라는 의미로, 영어의 의미를 중국어로 해석하여 사용한 것이다.

Unit 16 패스트푸드 주문을 마칠 때

💬 (주문은) 전부입니다.

这是全部。

Zhè shì quán bù

쩌스 췐뿌

💬 여기서 드시겠습니까, 아니면 가지고 가실 겁니까?

在这里吃还是带走?

Zài zhè lǐ chī hái shì dài zǒu

짜이쩌리츠 하이스따이저우

带走 싸가지고 가다

💬 여기서 먹겠습니다.

在这里吃。

Zài zhè lǐ chī

짜이쩌리 츠

💬 가지고 갈 거예요.

带走。

Dài zǒu

따이저우

💬 이 자리에 앉아도 되겠습니까?

可以坐这个位置吗?

Kě yǐ zuò zhè ge wèi zhì mà

커이쮀 쩌거 웨이즈마

Unit 17 지불방법을 말할 때

💬 매우 맛있었습니다.

非常好吃。

Fēi cháng hǎo chī

페이창 하오츠

💬 여기서 지불할 수 있나요?

可以在这儿支付吗?

Kě yǐ zài zhèr zhī fù mà

커이 짜이쩔 즈푸마

💬 어디서 지불하나요?

在哪儿支付?

Zài nǎr zhī fù

짜이날 즈푸

💬 따로따로 지불하고 싶은데요.

想分开支付。

Xiǎng fēn kāi zhī fù

씨앙펀카이 즈푸

💬 제가 모두 내겠습니다.

都让我支付吧。

Dōu ràng wǒ zhī fù bā

떠우랑 워즈푸바

一共 모두(합계)
예 一共多少钱? 모두 얼마지요?
都(dōu) 모두(종류)
예 你们都是中国人吗?
당신들은 모두 중국인입니까?

💬 제 몫은 얼마인가요?

我的份是多少?

Wǒ de fèn shì duō shǎo

워더펀 스뚸샤오

💬 팁은 포함되어 있습니까?

包含小费吗?

Bāo hán xiǎo fèi mà

빠오한 씨아오페이마

💬 제가 내겠습니다.

我付。

Wǒ fù

워푸

💬 나누어 계산하기로 합시다.

我们各付各的吧。

Wǒ mén gè fù gè de ba

워먼 커푸꺼더마

各付各的는 「각자의 것을 계산하다」
라는 의미로 우리가 흔히 말하는 「더
치페이」라는 의미로 사용된다.

💬 신용카드도 받나요?

信用卡可以吗?

Xìn yòng kǎ kě yǐ mà

신용카 커이마

💬 현금으로 낼게요.

我付现金。

Wǒ fù xiàn jīn

워푸 씨엔진

(Unit 18) 계산할 때

💬 계산해 주세요.

请结帐。

Qǐng jié zhàng

칭 지에장

帐单(zhàngdān) 계산서, 명세서

💬 전부해서 얼마입니까?

全部多少钱?

Quán bù duō shǎo qián

췐뿌 뚸샤오치엔

💬 이 요금은 무엇입니까?

这个费用是什么?

Zhè ge fèi yòng shì shén me

쩌거페이용 스션머

326

💬 계산서를 나눠주시겠어요?

请把账单分给我们。

Qǐng bǎ zhàng dān fēn gěi wǒ mén

칭바장딴 펀게이워먼

💬 카드로 계산해도 되겠습니까?

能用信用卡付钱吗?

Néng yòng xìn yòng kǎ fù qián ma

넝용씬용카 푸치엔마

☆ 付钱 계산(하다), 청산(하다)

💬 계산이 틀린 것 같습니다.

好象计算错了。

Hǎo xiàng jì suàn cuò le

하오씨앙 지쏸춰러

💬 봉사료는 포함되어 있습니까?

服务费包含在内吗?

Fú wù fèi bāo hán zài nèi ma

푸우페이 빠오한 짜이네이마

💬 영수증을 주세요.

请给我收据。

Qǐng gěi wǒ shōu jù

칭게이워 셔우쥐

💬 거스름돈이 틀린 것 같은데요.

零钱好象找错了。

Líng qián hǎo xiàng zhǎo cuò le

링치엔 하오씨앙 자오춰러

☆ 「거스름돈을 내주다」라는 표현은 找钱, 找零钱이라고 한다.

Chapter 05 관광을 할 때

여행의 목적이 관광인 사람은 관광지의 선택이 무엇보다 중요합니다. 정보가 없어 진정 꼭 봐야 할 곳은 놓치고, 안 봐도 그만인 것을 본다는 것은 여행의 손실입니다. 물론 그 나라, 그 지역의 핵심지역 관광지는 드러나게 되어 있어 놓치는 경우는 드물지만 그래도 일반적인 관광지가 아닌 자신의 취향과 전문분야에 따라 보고싶은 관광지가 있는 만큼 선택을 잘하는 것이 실용적인 여행을 즐기는 데 무엇보다 필요합니다.

Unit 1 시내의 관광안내소에서

💬 관광안내소는 어디에 있습니까?

观光介绍所在哪里?

Guān guāng jiè shào suǒ zài nǎ lǐ

꽌꾸왕지에샤오쒀 짜이나리

💬 이 도시의 관광안내 팸플릿이 있습니까?

有这个城市的观光介绍文吗?

Yǒu zhè ge chéng shì de guān guāng jiè shào wén mà

여우쩌거청스더 꽌꾸왕지에샤오원마

💬 무료 시내지도는 있습니까?

有免费市内地图吗?

Yǒu miǎn fèi shì nèi dì tú mà

여우미엔페이 스네이띠투마

💬 관광지도를 주시겠어요?

请给我观光地图。

Qǐng gěi wǒ guān guāng dì tú

칭게이워 꽌꾸왕띠투

💬 여기서 볼 만한 곳을 가르쳐 주시겠어요?

能告诉我好看的观光景点吗?

Néng gào sù wǒ hǎo kàn de guān guāng jǐng diǎn ma

넝까오수워 하오칸더 꽌꾸왕찡디엔마

💬 당일치기로 어디가 좋을까요?

一日游去哪里好呢?

Yí rì yóu qù nǎ lǐ hǎo ne

이르여우 취나리 하오너

💬 경치가 좋은 곳을 아십니까?

知道什么地方景色好吗?

Zhī dào shén me dì fāng jǐng sè hǎo ma

즈따오 션머띠팡 징써 하오마

💬 젊은 사람이 가는 곳은 어디입니까?

年轻人喜欢去的地方是哪里?

Nián qīng rén xǐ huan qù de dì fāng shì nǎ lǐ

니엔칭런 시환 취더띠팡 스나리

💬 거기에 가려면 투어에 참가해야 합니까?

想去那里要参加观光团吗?

Xiǎng qù nà lǐ yào cān jiā guān guāng tuán ma

씨앙취 나리 야오찬쟈 꽌꾸왕퇀마

💬 유람선은 있습니까?

有观光船吗?

Yǒu guān guāng chuán ma

여우 꽌꾸왕촨마

💬 여기서 표를 살 수 있습니까?

在这里可以买票吗?

Zài zhè lǐ kě yǐ mǎi piào ma

짜이쩌리 커이 마이퍄오마

💬 할인 티켓은 있나요?

有打折票吗?

Yǒu dǎ zhé piào mǎ

여우 따저퍄오마

💬 지금 축제는 하고 있나요?

现在有什么节日吗?

Xiàn zài yǒu shén mě jié rì mǎ

씨엔짜이 여우션머 지에르마

节日 경축일, 기념일, 명절

(Unit 2) 거리 · 시간 등을 물을 때

💬 여기서 멉니까?

离这里远吗?

Lí zhè lǐ yuǎn mǎ

리쩌리 위엔마

💬 여기서 걸어서 갈 수 있습니까?

从这里可以走着去吗?

Cóng zhè lǐ kě yǐ zǒu zhe qù mǎ

총쩌리 커이쩌우저취마

💬 왕복으로 어느 정도 시간이 걸립니까?

来回需要多长时间?

Lái huí xū yào duō cháng shí jiān

라이 후이쉬야오 뚸창스지엔

💬 버스로 갈 수 있습니까?

能坐车去吗?

Néng zuò chē qù mǎ

넝 쭤처취마

투어를 이용할 때

● 관광버스 투어는 있습니까?

有观光汽车团吗?

Yǒu guān guāng qì chē tuán ma

여우 꽌꾸왕치처퇀마

● 어떤 투어가 있습니까?

都有什么观光团?

Dōu yǒu shén me guān guāng tuán

떠우여우 션머꽌꾸왕퇀

● 어디서 관광투어를 신청할 수 있습니까?

在哪里可以申请加入观光团?

Zài nǎ lǐ kě yǐ shēn qǐng jiā rù guān guāng tuán

짜이나리 커이션칭 쟈루꽌꾸왕퇀

● 투어는 매일 있습니까?

观光团每天都有吗?

Guān guāng tuán měi tiān dōu yǒu ma

꽌꾸왕퇀 메이티엔 떠우 여우마

● 오전(오후) 코스는 있습니까?

有上午(下午)团吗?

Yǒu shàng wǔ(xià wǔ) tuán ma

여우 샹우(씨아우)퇀마

● 야간관광은 있습니까?

有夜间团吗?

Yǒu yè jiān tuán ma

여우 예지엔퇀마

💬 투어는 몇 시간 걸립니까?
旅游需要几个小时?
Lǚ yóu xū yào jǐ ge xiǎo shí
뤼여우 쉬야오 지거씨아오스

💬 식사는 나옵니까?
提供饭吗?
Tí gōng fàn mà
티꽁 판마

💬 몇 시에 출발합니까?
几点钟出发?
Jǐ diǎn zhōng chū fā
지디엔종 추파

💬 어디서 출발합니까?
在哪儿出发?
Zài nǎr chū fā
짜이날 추파

💬 투어는 몇 시에 어디에서 시작됩니까?
旅程什么时候在哪里开始?
Lǚ chéng shén me shí hòu zài nǎ lǐ kāi shǐ
루청 션머스허우 짜이나리 카이스

💬 한국어 가이드는 있나요?
有韩国导游吗?
Yǒu hán guó dǎo yóu mà
여우 한궈따오여우마

💬 요금은 얼마입니까?
价钱是多少?
Jià qián shì duō shǎo
쟈치엔 스뛰샤오

价钱 가격, 값

Unit 4 관광버스 안에서

💬 저것은 무엇입니까?

那是什么?

Nà shì shén me

나스 션머

💬 저것은 무슨 강입니까?

那是什么河?

Nà shì shén me hé

나스 션머허

💬 저것은 무슨 산입니까?

那是什么山?

Nà shì shén me shān

나스 션머산

💬 여기서 얼마나 멉니까?

离这里有多远?

Lí zhè lǐ yǒu duō yuǎn

리쩌리 여우뚸위엔

远 멀다 ↔ 近(jìn) 가깝다

💬 시간은 어느 정도 있습니까?

有多少时间?

Yǒu duō shǎo shí jiān

여우 뚸샤오스지엔

💬 자유시간은 있나요?

有自由时间吗?

Yǒu zì yóu shí jiān mà

여우 즈여우스지엔마

💬 몇 시에 버스로 돌아오면 됩니까?

要几点钟回到车里?

Yào jǐ diǎn zhōng huí dào chē lǐ

야오지디엔종 후이따오처리

(Unit 5) 관광을 할 때

💬 전망대는 어떻게 오릅니까?

展望台怎么上去?

Zhǎn wàng tái zěn me shàng qù

잔왕타이 쩐머샹취

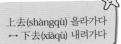

上去(shàngqù) 올라가다
↔ 下去(xiàqù) 내려가다

💬 저 건물은 무엇입니까?

那建筑物是什么?

Nà jiàn zhù wù shì shén me

나지엔주우 스션머

💬 누가 여기 살았습니까?

谁住过?

Shéi zhù guo

쉐이 주꿔

💬 언제 세워졌습니까?

什么时候建的?

Shén me shí hou jiàn de

션머스허우 지엔더

💬 퍼레이드는 언제 있습니까?

阅兵是什么时候?

Yuè bīng shì shén me shí hou

위에삥스 션머스허우

💬 몇 시에 돌아와요?

几点回来?

Jǐ diǎn huí lái

지디엔 훼이라이

回来 돌아오다

(Unit 6) 관람을 할 때

💬 티켓은 어디서 삽니까?

门票在哪儿买?

Mén piào zài nǎr mǎi

먼퍄오 짜이날마이

买(mǎi) 사다
↔ 卖(mài) 팔다

💬 입장료는 유료입니까?

入场券是收费的吗?

Rù chǎng quàn shì shōu fèi de mà

루창췐스 셔우페이더마

💬 입장료는 얼마입니까?

入场券多少钱?

Rù chǎng quàn duō shǎo qián

루창췐 뚸샤오치엔

💬 오늘 표는 아직 있습니까?

今天的票还有吗?

Jīn tiān de piào hái yǒu mà

찐티엔더퍄오 하이여우마

还 아직도, 여전히 (동작이나
상태가 지속됨을 나타내고, 어
떨 때에는 앞에 虽然, 钟使,
尽管 등이 수반되기도 한다.)

💬 몇 시에 시작됩니까?

几点钟开始?

Jǐ diǎn zhōng kāi shǐ

지디엔종 카이스

335

💬 여기서 티켓을 예약할 수 있나요?

在这里能预定票吗?

Zài zhè lǐ néng yù dìng piào ma

짜이쩌리 넝위딩 퍄오마

预定 예약하다

💬 단체할인은 있습니까?

有团体票打折吗?

Yǒu tuán tǐ piào dǎ zhé ma

여우 퇀티퍄오 따저마

💬 어른 2장 주세요.

请给我两张成人票。

Qǐng gěi wǒ liǎng zhāng chéng rén piào

칭게이워 량장 청런퍄오

💬 이 티켓으로 모든 전시를 볼 수 있습니까?

用这个票可以看所有展览吗?

Yòng zhè ge piào kě yǐ kàn suǒ yǒu zhǎn lǎn ma

용쩌거퍄오 커이칸 쉬여우 잔란마

💬 무료 팜플렛은 있습니까?

有免费的小册子吗?

Yǒu miǎn fèi de xiǎo cè zi ma

여우 미엔페이더 씨아오처즈마

💬 짐을 맡아 주세요.

我想存行李。

Wǒ xiǎng cún xíng lǐ

워씨앙 춘씽리

💬 관내를 안내할 가이드는 있습니까?

有介绍馆内的解说员吗?

Yǒu jiè shào guǎn nèi de jiě shuō yuán ma

여우 지에샤오 꽌네이더 지에쉬워엔마

💬 이 그림은 누가 그렸습니까?

这画是谁画的?

Zhè huà shì shéi huà de

쩌화스 쉐이화더

💬 그 박물관은 오늘 엽니까?

那个博物馆今天开吗?

Nà ge bó wù guǎn jīn tiān kāi ma

나거 보우꽌 찐티엔 카이마

💬 재입관할 수 있습니까?

可以再入内吗?

Kě yǐ zài rù nèi ma

커이 짜이 루네이마

💬 극장 이름은 뭡니까?

电影院叫什么名字?

Diàn yǐng yuàn jiào shén me míng zì

띠엔잉위엔 쟈오 션머밍즈

💬 오늘밤에는 무엇을 상영합니까?

今天晚上上映什么?

Jīn tiān wǎn shàng shàng yìng shén me

찐티엔완샹 샹잉션머

💬 재미있습니까?

有意思吗?

Yǒu yì sī ma

여우이스마

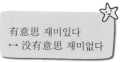

有意思 재미있다
→ 没有意思 재미없다

💬 누가 출연합니까?

谁演的?

Shéi yǎn de

쉐이 옌더

💬 여기서 사진을 찍어도 됩니까?

可以在这里照相吗?

Kě yǐ zài zhè li zhào xiàng mà
커이 짜이쩌리 자오씨앙마

💬 여기서 플래시를 터뜨려도 됩니까?

在这里可以用闪光灯吗?

Zài zhè li kě yǐ yòng shǎn guāng dēng mà
짜이쩌리 커이용 샨꾸왕덩마

💬 비디오 촬영을 해도 됩니까?

可以录像吗?

Kě yǐ lù xiàng mà
커이 루씨앙마

💬 당신 사진을 찍어도 되겠습니까?

可以照您吗?

Kě yǐ zhào nín mà
커이자오 닌마

💬 함께 사진을 찍으시겠습니까?

可以一起照相吗?

Kě yǐ yì qǐ zhào xiàng mà
커이 이치 자오씨앙마

💬 미안해요, 바빠서요.

对不起, 我很急。

Duì bù qǐ wǒ hěn jí
뚜이부치 워헌지

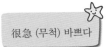

很急 (무척) 바쁘다

Unit 8 사진촬영을 부탁할 때

💬 사진 좀 찍어 주시겠어요?

能和我照张相吗?

Néng hé wǒ zhào zhāng xiāng ma

넝허워 자오장씨앙마

💬 셔터를 누르면 됩니다.

按快门就可以了。

Àn kuài mén jiù kě yǐ le

안콰이먼 지우커이러

💬 여기서 우리들을 찍어 주십시오.

请在这里给我们照相。

Qǐng zài zhè li gěi wǒ mén zhào xiāng

칭짜이 쩌리 게이워먼 자오씨앙

💬 한 장 더 부탁합니다.

请再照一张。

Qǐng zài zhào yì zhāng

칭짜이자오 이짱

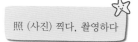
照 (사진) 찍다, 촬영하다

💬 나중에 사진을 보내드리겠습니다.

过后把照片邮寄给您。

Guò hòu bǎ zhào piàn yóu jì gěi nín

꿔허우 바자오피엔 여우지게이닌

过后 이후(에),
이 다음(에)

💬 주소를 여기서 적어 주시겠어요?

请把地址写在这里。

Qǐng bǎ dì zhǐ xiě zài zhè li

칭바 띠즈 시에짜이쩌리

Unit 9 필름가게에서

💬 이거하고 같은 컬러필름은 있습니까?

有和这个一样的彩色胶卷吗？

Yǒu hé zhè ge yí yàng de cǎi sè jiāo juǎn ma

여우허 쩌거이양더 차이써 쟈오쮄마

💬 건전지는 어디서 살 수 있나요?

在哪里能买到电池？

Zài nǎ li néng mǎi dào diàn chí

짜이나리넝마이따오 띠엔츠

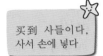

买到 사들이다,
사서 손에 넣다

💬 어디서 현상할 수 있습니까?

在哪儿可以冲洗胶卷？

Zài nǎ er kě yǐ chōng xǐ jiāo juǎn

짜이날커이총씨 쟈오쮄

💬 이것을 현상해 주시겠어요?

请给我冲洗这个。

Qǐng gěi wǒ chōng xǐ zhè ge

칭게이워 총씨쩌거

💬 인화를 해 주시겠어요?

请给我加洗。

Qǐng gěi wǒ jiā xǐ

칭게이워 쟈씨

💬 언제 됩니까?

什么时候可以取？

Shén me shí hòu kě yǐ qǔ

션머스허우 커이취

Unit 10 기념품점에서

💬 엽서는 어디서 삽니까?

明信片在哪儿买?

Míng xìn piàn zài nǎr mǎi

밍씬피엔 짜이날마이

💬 엽서는 있습니까?

有明信片吗?

Yǒu míng xìn piàn mà

여우 밍씬피엔마

💬 기념품 가게는 어디에 있습니까?

纪念品店在哪儿?

Jì niàn pǐn diàn zài nǎr

지니엔핀띠엔 짜이날

💬 기념품으로 인기 있는 것은 무엇입니까?

什么纪念品受欢迎?

Shén mè jì niàn pǐn shòu huan yíng

션머지니엔핀 셔우환잉

💬 뭔가 먹을 만한 곳은 있습니까?

什么地方的东西好吃?

Shén mè dì fang de dōng xī hǎo chī

션머띠팡더 뚱시하오츠

💬 이 박물관의 오리지널 상품입니까?

是这个博物馆的原始收藏品吗?

Shì zhè ge bó wù guǎn de yuán shǐ shōu cáng pǐn mà

스쩌거보우꽌더 위엔스셔우창핀마

341

해외여행을 하면서 빼놓을 수 없는 즐거움중의 하나가 바로 쇼핑입니다. 자국에서는 한번도 접해보지 않은 물건들을 볼 수 있는 행운도 있고 또한 그 나라의 특성을 잘 나타내는 특산품을 구경할 수 있는 재미도 있습니다. 특히 현대식 백화점 같은 곳이 아닌 그 나라의 특성이 잘 나타

나 있는 재래시장에서의 쇼핑은 비용도 적게 들뿐만 아니라 그 나라의 생활상을 엿볼 수 있는 좋은 기회가 될 것입니다.

Unit 1 쇼핑센터를 찾을 때

💬 쇼핑센터는 어디에 있습니까?

购物中心在哪里?
Gòu wù zhōng xīn zài nǎ lǐ
꺼우우쫑씬 짜이나리

💬 이 도시의 쇼핑가는 어디에 있습니까?

这个城市的购物街在哪里?
Zhè ge chéng shì de gòu wù jiē zài nǎ lǐ
쩌거청스더 꺼우우지에 짜이나리

💬 쇼핑 가이드는 있나요?

有购物导游吗?
Yǒu gòu wù dǎo yóu mà
여우 꺼우우 따오여우마

💬 선물은 어디서 살 수 있습니까?

在哪儿可以买礼物?
Zài nǎ er kě yǐ mǎi lǐ wù
짜이날 커이마이 리우

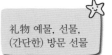

礼物 예물, 선물, (간단한) 방문 선물

💬 면세점은 있습니까?

有免税店吗?

Yǒu miǎn shuì diàn må

여우 미엔수이디엔마

💬 이 주변에 백화점은 있습니까?

这附近有百货商店吗?

附近 부근, 근처

Zhè fù jìn yǒu bǎi huò shāng diàn må

쩌푸진여우 바이훠샹디엔마

(Unit 2) 가게를 찾을 때

💬 가장 가까운 슈퍼는 어디에 있습니까?

最近的超市在哪里?

Zuì jìn de chāo shì zài nǎ lǐ

쭈이진더차오스 짜이나리

💬 편의점을 찾고 있습니다.

我在找便利店。

Wǒ zài zhǎo biàn lì diàn

워짜이자오 삐엔리띠엔

💬 좋은 스포츠 용품점을 가르쳐 주시겠어요?

请告诉我好体育用品商店。

Qǐng gào sù wǒ hǎo tǐ yù yòng pǐn shāng diàn

칭까오수워 하오티위용핀 샹디엔

💬 세일은 어디서 하고 있습니까?

在哪里打折?

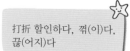

打折 할인하다, 꺾(이)다, 끊(어지)다

Zài nǎ lǐ dǎ zhé

짜이나리 따저

💬 이 주변에 할인점은 있습니까?

这附近有贱卖商店吗?

Zhè fù jìn yǒu jiàn mài shāng diàn mà

쩌푸진 여우 지엔마이샹디엔마

💬 그건 어디서 살 수 있나요?

在哪里能买到?

Zài nǎ lǐ néng mǎi dào

짜이나리 넝마이따오

(**Unit 3**) 가게로 가고자 할 때

💬 그 가게는 오늘 영업합니까?

那个店今天营业吗?

Nà ge diàn jīn tiān yíng yè mà

나거띠엔 찐티엔 잉예마

💬 여기서 멉니까?

离这儿远吗?

Lí zhè er yuǎn mà

리쩔 위엔마

💬 몇 시에 문을 엽니까?

几点开门?

Jǐ diǎn kāi mén

지디엔 카이먼

开门 문을 열다 ↔ 闭门
(bìmén) 문을 닫다

💬 영업시간은 몇 시부터 몇 시까지입니까?

营业时间是从几点到几点?

Yíng yè shí jiān shì cóng jǐ diǎn dào jǐ diǎn

잉예스지엔스 총지디엔 따오지디엔

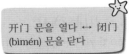

从A 到B A부터 B까지

344

💬 몇 시까지 합니까?
到几点?
Dào jǐ diǎn
따오지디엔

到(dào) ~까지

Unit 4 가게에 들어갔을 때

💬 (점원) 어서 오십시오.
欢迎光临!
Huan yíng guāng lín
환잉꾸왕린

光临 왕림, 왕림하다

💬 무얼 찾으십니까?
在找什么?
Zài zhǎo shén mė
짜이자오 션머

💬 그냥 좀 보고 있을 뿐입니다.
只是看一看。
Zhǐ shì kàn yi kàn
즈스 칸이칸

只 겨우, 단지, 다만, 오직

💬 필요한 것이 있으시면 말씀하십시오.
有什么需要的请说。
Yǒu shén mė xū yào de qǐng shuō
여우션머 쉬야오더 칭쉬

Unit 5 물건을 찾을 때

💬 여기 잠깐 봐 주시겠어요?
请过来一下。
Qǐng guò lái yí xià
칭 꿔라이이이씨아

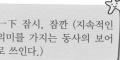
一下 잠시, 잠깐 (지속적인 의미를 가지는 동사의 보어로 쓰인다.)

345

💬 블라우스를 찾고 있습니다.

在找短袖衫。

Zài zhǎo duǎn xiù shān

짜이자오똰 씨우샨

💬 코트를 찾고 있습니다.

我想买大衣。

Wǒ xiǎng mǎi dà yī

워씨앙마이 따이

💬 운동화를 사고 싶은데요.

我想买运动鞋。

Wǒ xiǎng mǎi yùn dòng xié

워씨앙마이 윈뚱씨에

💬 아내에게 선물할 것을 찾고 있습니다.

在找送给妻子的礼物。

Zài zhǎo sòng gěi qī zǐ de lǐ wù

짜이자오 쏭게이 치즈더 리우

💬 좀 캐주얼한 것을 찾고 있습니다.

在找轻便一点的。

Zài zhǎo qīng biàn yì diǎn de

짜이자오 칭비엔 이디엔더

> 轻便 (제작, 사용 등이)
> 간편하다, 편리하다

💬 선물로 적당한 것은 없습니까?

没有可以做礼物用的吗?

Méi yǒu kě yǐ zuò lǐ wù yòng de mà

메이여우 커이 쭤리우용더마

346

Unit 6 구체적으로 찾는 물건을 말할 때

💬 저걸 보여 주시겠어요?

能给我看一下那个吗?

Néng gěi wǒ kàn yí xià nà ge mà

넝게이워 칸이씨아 나거마

💬 면으로 된 것이 필요한데요.

需要棉质的。

Xū yào mián zhì de

쉬야오 미엔즈더

💬 이것과 같은 것은 있습니까?

有和这个一样的吗?

Yǒu hé zhè ge yí yàng de mà

여우 허쩌거 이양더마

一样的 같은 것

💬 이것뿐입니까?

就这些吗?

Jiù zhè xiē mà

지우 쩌씨에마

💬 이것 6호는 있습니까?

这个有六号吗?

Zhè ge yǒu liù hào mà

쩌거 여우 리우하오마

Unit 7 물건을 고를 때

💬 그걸 봐도 될까요?

看看那个也可以吗?

Kàn kàn nà ge yě kě yǐ mà

칸칸나거 예커이마

💬 몇 가지 보여 주세요.

能给我看一下吗?

Néng gěi wǒ kàn yī xià mǎ
넝게이워 칸이씨아마

💬 이 가방을 보여 주시겠어요?

能给我看一下这皮包吗?

Néng gěi wǒ kàn yí xià zhè pí bāo mǎ
넝게이워 칸이씨아 쩌피빠오마

皮包(píbāo) 가방
书包(shūbāo) 책가방
钱包(qiánbāo) 지갑

💬 다른 것을 보여 주시겠어요?

要先能给我看一下别的吗?

Yào xiān néng gěi wǒ kàn yí xià bié de mǎ
야오씨엔 넝게이워 칸이씨아 비에더마

💬 더 품질이 좋은 것은 없습니까?

没有质量更好的吗?

Méi yǒu zhì liáng gēng hǎo de mǎ
메이여우즈량 껑하오더마

质量 품질
品质(pǐnzhì) 품성, 인품

💬 잠깐 다른 것을 보겠습니다.

能给我看一下别的吗?

Néng gěi wǒ kàn yí xià bié de mǎ
넝께이워 칸이씨아 비에더마

(Unit 8) 색상을 고를 때

💬 무슨 색이 있습니까?

有什么颜色?

Yǒu shén me yán sè
여우션머 옌서

颜色 색채, 색, 색깔

💬 더 화려한 것은 있습니까?
有更艳一点的吗?
Yǒu gēng yàn yi diǎn de mǎ
여우 껑옌 이디엔더마

艳 (색채나 문장이)
화려하다, 선명하고
아름답다, 요염하다

💬 더 수수한 것은 있습니까?
有更素一点的吗?
Yǒu gēng sù yi diǎn de mǎ
여우 껑쑤 이디엔더마

素 (색깔이나 모양이)
점잖다, 소박하다, 수수
하다, 단순하다

💬 이 색은 좋아하지 않습니다.
不喜欢这个颜色。
Bù xǐ huan zhè ge yán sè
뿌시환 쩌거옌서

(Unit 9) 디자인을 고를 때

💬 다른 스타일은 있습니까?
有别的款式吗?
Yǒu bié de kuǎn shì mǎ
여우 비에더 콴스마

款式 격식, 양식, 스타일,
깔끔하고 훌륭하다

💬 어떤 디자인이 유행하고 있습니까?
现在流行哪种款式?
Xiàn zài liú xíng nǎ zhǒng kuǎn shì
씨엔짜이 리우싱 나종콴스

💬 이런 디자인은 좋아하지 않습니다.
不喜欢这个款式。
Bù xǐ huan zhè ge kuǎn shì
뿌시환 쩌거콴스

💬 다른 디자인은 있습니까?

有别的设计吗?

Yǒu bié de shè jì mǎ

여우 비에더 써지마

💬 디자인이 비슷한 것은 있습니까?

有差不多款式的吗。

Yǒu chā bù duō kuǎn shì de mǎ

여우 차뿌둬 콴스더마

💬 이 벨트는 남성용입니까?

这皮带是男式的吗?

Zhè pí dài shì nán shì de mǎ

쩌 피따이스 난스더마

皮带(pídài) 벨트, 허리띠
领带(lǐngdài) 넥타이

Unit 10   사이즈를 고를 때

💬 어떤 사이즈를 찾으십니까?

找多大尺寸的?

Zhǎo duō dà chǐ cùn de

자오 둬다 츠춘더

💬 사이즈는 이것뿐입니까?

就这些尺寸吗?

Jiù zhè xiē chǐ cùn mǎ

지우 쩌시에 츠춘마

💬 제 사이즈를 잘 모르겠는데요.

不清楚我的尺寸。

Bù qīng chǔ wǒ de chǐ cùn

뿌칭추 워더츠춘

不清楚 분명하지 않다

💬 사이즈를 재 주시겠어요?

能给我量一下尺寸吗?
Néng gěi wǒ liáng yí xià chǐ cùn ma
넝게이워 량이씨아 츠춘마

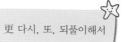

量 (길이, 크기, 무게, 넓이, 분량 등을) 재다, 달다, 측량하다

💬 더 큰 것은 있습니까?

有更大的吗?
Yǒu gēng dà de ma
여우 껑따더마

更 다시, 또, 되풀이해서

💬 더 작은 것은 있습니까?

有更小的吗?
Yǒu gēng xiǎo de ma
여우 껑씨아오더마

Unit 11 품질에 대해 물을 때

💬 재질은 무엇입니까?

是什么料?
Shì shén me liào
스 션머랴오

💬 중국제품입니까?

是中国制品吗?
Shì zhōng guó zhì pǐn ma
스 쯍궈즈핀마

💬 품질은 좋은가요?

质量好吗?
Zhì liáng hǎo ma
즈량 하오마

Chapter 06 쇼핑을 할 때

351

💬 이건 실크 100%입니까?

这是百分之百的丝吗?

Zhè shì bǎi fēn zhī bǎi de sī mà

쩌스 바이펀즈바이더 쓰마

百分 백분, 퍼센트

💬 이건 수제입니까?

这是手工制的吗?

Zhè shì shǒu gōng zhì de mà

쩌스 셔우꽁즈더마

💬 이건 무슨 향입니까?

这是什么香?

Zhè shì shén me xiāng

쩌스 션머씨앙

Unit 12 값을 물을 때

💬 계산은 어디서 합니까?

在哪儿结帐?

Zài nǎr jié zhàng

짜이날 지에장

💬 전부해서 얼마가 됩니까?

全部多少钱?

Quán bù duō shǎo qián

췐뿌 뚸샤오치엔

多少 얼마

💬 하나에 얼마입니까?

多少钱一个?

duō shǎo qián yí ge

뚸샤오치엔 이거

💬 (다른 상품의 가격을 물을 때) 이건 어때요?

这个多少钱?
Zhè ge duō shǎo qián
쩌거 뚸샤오치엔

💬 이건 세일 중입니까?

这个正在打折吗?
Zhè ge zhèng zài dǎ zhé mà
쩌거 쩡짜이 따저마

> 正在 마침, 한참
> (~하고 있는 중이다)

💬 세금이 포함된 가격입니까?

包括税金吗?
Bāo kuò shuì jīn mà
빠오쿼 수이진마

(**Unit 13**) 값을 흥정할 때

💬 너무 비쌉니다.

太贵了。
Tài guì le
타이꾸이러

> 贵 (가격이) 비싸다
> ↔ 便宜 (값이) 싸다, 헐하다

💬 깎아 주시겠어요?

能便宜点吗?
Néng pián yi diǎn mà
넝피엔이 디엔마

💬 더 싼 것은 없습니까?

有更便宜的吗?
Yǒu gēng pián yi de mà
여우껑 피엔이더마

💬 더 싸게 해 주실래요?

能再便宜点吗?

Néng zài pián yi diǎn mǎ

넝짜이 피엔이 디엔마

💬 깎아주면 사겠습니다.

便宜点就买。

Pián yi diǎn jiù mǎi

피엔이디엔 지우마이

就는 어떠한 조건이나 상황을 나타내는 가정문의 뒤에 쓰여서 앞의 조건이 상황에선 어떠 했으리라는 것을 나타낸다.

💬 현금으로 지불하면 더 싸게 됩니까?

付现金的话更便宜吗?

Fù xiàn jīn de huà gēng pián yi mǎ

푸씨엔진더화 껑피엔이마

(Unit 14) 구입 결정과 지불 방법

💬 이걸로 사겠습니다.

就买这个。

Jiù mǎi zhè ge

지우마이 쩌거

💬 지불은 어떻게 하시겠습니까?

怎么支付?

Zěn me zhī fù

쩐머 즈푸

支付 지불하다, 지급하다

💬 카드도 됩니까?

刷卡也可以吗?

Shuā kǎ yě kě yǐ mǎ

쏴아카 예커이마

可以는 「~해도 된다」의 뜻으로 허가를 나타낸다.

💬 여행자수표도 받나요?

旅行支票行吗?

Lǚ xíng zhī piào xíng mǎ

뤼싱즈퍄오 씽마

💬 영수증을 주시겠어요?

请给我收据。

Qǐng gěi wǒ shōu jù

칭게이워 셔우쥐

(Unit 15) 포장을 부탁할 때

💬 봉지를 주시겠어요?

能给我袋子吗?

Néng gěi wǒ dài zi ma

넝게이워 따이즈마

袋子 주머니, 자루, 포대

💬 봉지에 넣기만 하면 됩니다.

请放到包装袋里。

Qǐng fàng dào bāo zhuāng dài lǐ

칭팡따오 빠오쫭따이리

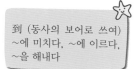

到 (동사의 보어로 쓰여)
~에 미치다, ~에 이르다,
~을 해내다

💬 이걸 선물용으로 포장해 주시겠어요?

这是做礼物用的能包装一下吗?

Zhè shì zuò lǐ wù yòng de néng bāo zhuāng yí xià ma

쩌스 쭤리우용더 넝빠오쫭 이씨아마

💬 따로따로 포장해 주세요.

请给我分着包装。

Qǐng gěi wǒ fēn zhuó bāo zhuāng

칭게이워 펀줘빠오쫭

💬 이거 넣을 박스 좀 얻을 수 있나요?
能弄来装这个用的盒子吗?
Néng nòng lái zhuāng zhè ge yòng de hé zi mà
넝 농라이쫭 쩌거융더 허즈마

💬 이거 포장할 수 있나요? 우편으로 보내고 싶은데요.
这个能包装吗? 要邮寄用的。
Zhè ge néng bāo zhuāng mà yào yóu jì yòng de
쩌거넝 빠오쫭마 야오 여우지융더

(Unit 16) 배달을 부탁할 때

💬 이걸 호텔까지 갖다 주시겠어요?
能送到宾馆吗?
Néng sòng dào bīn guǎn mà
넝쏭따오 삔꽌마

💬 오늘 중으로 배달해 주었으면 하는데요.
希望在今天之内送过来。
Xī wàng zài jīn tiān zhī nèi sòng guò lái
시왕짜이 찐티엔즈네이 송꿔라이

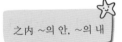
之内 ~의 안, ~의 내

💬 언제 배달해 주시겠습니까?
什么时候能送来?
Shén me shí hòu néng sòng lái
션머스허우 넝쏭라이

💬 별도로 요금이 듭니까?
另外还需要什么费用吗?
Lìng wài hái xū yào shén me fèi yòng mà
링와이 하이쉬야오 션머페이융마

💬 이 카드를 첨부해서 보내 주세요.

请把这个卡一起送过来。

Qǐng bǎ zhè ge kǎ yī qǐ sòng guò lái

칭바쩌거카이치 쏭꿔라이

💬 이 주소로 보내 주세요.

请寄到以下地址。

Qǐng jì dào yǐ xià dì zhǐ

칭지따오 이씨아띠즈

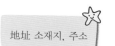

地址 소재지, 주소

(Unit 17) 배송을 부탁할 때

💬 이가게에서 한국으로 발송해 주시겠어요?

请在这个店发送到韩国。

Qǐng zài zhè ge diàn fā sòng dào hán guó

칭짜이쩌거띠엔 파쏭따오한궈

💬 한국 제 주소로 보내 주시겠어요?

能发送到韩国我的地址吗?

Néng fā sòng dào hán guó wǒ de dì zhǐ ma

넝파쏭 따오한궈 워더띠즈마

💬 항공편으로 부탁합니다.

我想用航空寄信。

Wǒ xiǎng yòng háng kōng jì xìn

워씨앙용 항콩지씬

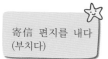

寄信 편지를 내다
(부치다)

💬 선편으로 부탁합니다.

我想用海运寄信。

Wǒ xiǎng yòng haǐ yùn jì xìn

워씨앙용 하이윈지씬

💬 한국까지 항공편으로 며칠 정도 걸립니까?

用航空邮件邮寄到韩国多长时间?

Yòng háng kōng yóu jiàn yóu jì dào hán guó duō cháng shí jiān

용항콩여우지엔 여우지따오한꿔 뚸창스지엔

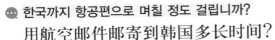
多长时间 얼마나 긴 시간

💬 항공편으로 얼마나 듭니까?

用航空邮件多少钱?

Yòng háng kōng yóu jiàn duō shǎo qián

용항콩여우지엔 뚸샤오치엔

(Unit 18) 구입한 물건을 교환할 때

💬 여기에 얼룩이 있습니다.

这里有污渍。

Zhè lǐ yǒu wū zì

쩌리 여우우쯔

💬 새 것으로 바꿔드리겠습니다.

给您换新的。

Gěi nín huàn xīn de

게이닌 환씬더

💬 구입 시에 망가져 있었습니까?

进货时就是坏的吗?

Jìn huò shí jiù shì huài de mà

찐훠스 지우스 화이더마

💬 샀을 때는 몰랐습니다.

买的时候没发现。

Mǎi de shí hòu méi fā xiàn

마이더스허우 메이파시엔

发现 발견(하다), 나타나다

💬 사이즈가 안 맞았어요.

大小不合适。

Dà xiǎo bù hé shì

따씨아오 뿌허스

合适 알맞다, 적당하다,
적합하다 ↔ 不合适

💬 다른 것으로 바꿔 주시겠어요?

能给我换别的吗?

Néng gěi wǒ huàn bié de mǎ

넝게이워 환삐에더마

(Unit 19) 구입한 물건을 반품할 때

💬 어디로 가면 됩니까?

要往哪儿走?

Yào wǎng nǎr zǒu

야오 왕날쩌우

💬 반품하고 싶은데요.

我想退货。

Wǒ xiǎng tuì huò

워씨앙 투이훠

💬 아직 쓰지 않았습니다.

还没有用过。

Hái méi yǒu yòng guò

하이메이여우 용꿔

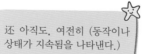

还 아직도, 여전히 (동작이나
상태가 지속됨을 나타낸다.)

💬 가짜가 하나 섞여 있습니다.

有一个假的。

Yǒu yī ge jiǎ de

여우이거 쟈더

💬 영수증은 여기 있습니다.

收据在这里。

Shōu jù zài zhè lǐ
셔우쥐 짜이쩌리

💬 어제 산 것입니다.

是昨天买的。

Shì zuó tiān mǎi de
스쭤티엔 마이더

「是~的」의 구문은 이미 알고 있는
사실을 강조하는 용법으로 쓰인다.

(Unit 20) 환불과 배달사고

💬 환불해 주시겠어요?

能退还吗?

Néng tuì huán ma
넝 투이환마

💬 산 물건하고 다릅니다.

和买的东西不一样。

Hé mǎi de dōng xī bù yí yàng
허마이더뚱시 뿌이양

一样 (똑)같다, 동일하다
↔ 不一样 같지 않다

💬 구입한 게 아직 배달되지 않았습니다.

买的东西还没送到。

Mǎi de dōng xī hái méi sòng dào
마이더뚱시 하이메이쏭따오

💬 대금은 이미 지불했습니다.

贷款已经付清了。

Dài kuǎn yǐ jīng fù qīng le
따이쿤 이징 푸칭러

Chapter 07 여행을 마치고 귀국할 때

출발 72시간 전에는 반드시 예약을 해야 합니다. 그렇지 않으면 탑승할 의지가 없는 것으로 간주하여 예약이 취소되어 비행기를 타지 못할 수도 있습니다. 중국 항공사는 재확인을 하지 않으면 예약을 취소하는 경우가 많으므로 각별히 주의해야 합니다. 전화로 항공사에 이름, 출발일, 비
행기편 등을 말하면 되는데, 중국 항공사의 경우 전화로 확인되지 않는 경우가 있습니다. 그럴 때에는 항공권과 여권을 지참하고 현지의 항공사의 카운터 또는 사무실에 가서 재확인을 받습니다.

Unit 1   돌아갈 항공편을 예약할 때

💬 여보세요. 북방항공입니까?

您好，这里是北方航空吗?

Nín hǎo zhè lǐ shì běi fāng háng kōng mǎ
닌하오 쩌리스 베이팡항콩마

💬 인천행을 예약하고 싶은데요.

想预约到仁川的飞机。

Xiǎng yù yuē dào Rén chuān de fēi jī
씨앙위위에 따오런촨더 페이지

💬 내일 비행기는 예약이 됩니까?

明天的飞机能预约吗?

Míng tiān de fēi jī néng yù yuē mǎ
밍티엔더 페이지 넝 위위에마

361

💬 다른 비행기는 없습니까?

没有别的飞机吗?

Méi yǒu bié de fēi jī mà

메이여우 비에더 페이지마

💬 편명과 출발 시간을 알려 주십시오.

请告诉我航班和时间。

Qǐng gào sù wǒ háng bān hé shí jiān

칭까오수워 항반허스지엔

和 ~과(와)

💬 몇 시까지 탑승수속을 하면 됩니까?

到几点登机?

Dào jǐ diǎn dēng jī

따오 지디엔 떵지

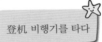

登机 비행기를 타다

(Unit 2) 예약을 재확인할 때

💬 예약내용을 재확인하고 싶은데요.

想再确认一下预约内容。

Xiǎng zài què rèn yí xià yù yuē nèi róng

씨앙짜이 췌런이씨아 위위에네이롱

💬 성함과 편명을 말씀하십시오.

请说姓名和航班名。

Qǐng shuō xìng míng hé háng bān míng

칭쉬 씽밍허항빤밍

💬 무슨 편 몇 시발입니까?

什么航班几点钟?

Shén mè háng bān jǐ diǎn zhōng

션머항빤 지디엔종

钟 시, 시간

저는 분명히 예약했습니다.

我明明是预约好了。

Wǒ míng míng shì yù yuē hǎo le

워밍밍스 위위에하오러

한국에서 예약했는데요.

我在韩国预约了。

Wǒ zài hán guó yù yuē le

워짜이한궈 위위에러

즉시 확인해 주십시오.

请马上确认一下。

Qǐng mǎ shàng què rèn yí xià

칭마샹 췌런이씨아

Unit 3 예약 변경과 취소를 할 때

항공편을 변경할 수 있습니까?

能换航班吗?

Néng huàn háng bān mà

넝환 항빤마

예약을 취소하고 싶은데요.

想取消预约。

Xiǎng qǔ xiāo yù yuē

씨앙취씨아오 위위에

다른 항공사 비행기를 확인해 주세요.

请确认一下别的航空公司。

Qǐng què rèn yí xià bié de háng kōng gōng sī

칭췌런이씨아 삐에더 항콩꽁스

💬 해약 대기로 부탁할 수 있습니까?
请给我换成待机可以吗？
Qǐng gěi wǒ huàn chéng dài jī kě yǐ mǎ
칭게이워 환청따이지 커이마

Unit 4 탑승수속을 할 때

💬 탑승수속은 어디서 합니까?
登机手续在哪儿办？
Dēng jī shǒu xù zài nǎr bàn
떵지셔우쉬 짜이날빤

💬 대한항공 카운터는 어디입니까?
大韩航空柜台在哪儿？
Dà hán háng kōng guì tái zài nǎr
따한항콩 꾸이타이 짜이날

💬 공항세는 있습니까?
有机场税吗？
Yǒu jī chǎng shuì mǎ
여우 지창수이마

💬 앞쪽 자리가 좋겠는데요.
我想前面的位置会更好。
Wǒ xiǎng qián miàn de wèi zhì huì gēng hǎo
워씨앙 치엔미엔더웨이즈 후이껑하오

💬 통로쪽(창쪽)으로 부탁합니다.
请给我过道(窗户)旁的位置。
Qǐng gěi wǒ guò dào chuāng hù páng de wèi zhì
칭게이워 꿔다오 (촹후)팡더웨이즈

💬 친구와 같은 좌석으로 주세요.

请给我靠近朋友的座位。

Qǐng gěi wǒ kào jìn péng yǒu de zuò wèi

칭게이워 카오찐 펑여우더 쭤웨이

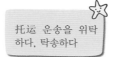

靠近 가깝다, 가까이 다가가다, 접근하다

(Unit 5) 수화물을 체크할 때

💬 맡기실 짐은 있으십니까?

有需要托运的行李吗?

Yǒu xū yào tuō yùn de xíng lǐ mǎ

여우쉬야오 퉈윈더 씽리마

行李 여행짐, 행장, 수화물

💬 그 가방은 맡기시겠습니까?

那个包要托运吗?

Nà ge bāo yào tuō yùn mǎ

나거빠오 야오퉈윈마

托运 운송을 위탁하다, 탁송하다

💬 이 가방은 기내로 가지고 들어갑니다.

这个包要拿到机内的。

Zhè ge bāo yào ná dào jī nèi de

쩌거빠오 야오나따오 지네이더

💬 다른 맡기실 짐은 없습니까?

还有其他行李要存吗?

Hái yǒu qí tā xíng lǐ yào cún mǎ

하이여우 치타씽리 야오춘마

365

Unit 6 탑승안내

💬 (탑승권을 보이며) 게이트는 몇 번입니까?

登机口是多少号?

Dēng jī kǒu shì duō shǎo hào

떵지커우 스뚸샤오하오

💬 3번 게이트는 어느 쪽입니까?

三号登机口在哪边?

Sān hào dēng jī kǒu zài nǎ biān

산하오떵지커우 짜이나비엔

💬 인천행 탑승 게이트는 여기입니까?

到仁川的登机口是这儿吗?

Dào Rén chuān de dēng jī kǒu shì zhèr mà

따오런촨더 떵지커우 스절쩌마

💬 왜 출발이 늦는 겁니까?

为什么还不出发?

Wéi shén mè hái bù chū fā

웨이션머 하이부추파

> 为什么 무엇 때문에, 왜, 어째서
> (원인 혹은 목적을 물음)

💬 탑승은 시작되었습니까?

开始登机了吗?

Kāi shǐ dēng jī le mà

카이스 떵지러마

💬 방금 인천행 비행기를 놓쳤는데요.

我刚刚错过了去仁川的飞机。

Wǒ gāng gāng cuò guò le qù Rén chuān de fēi jī

워깡강 춰꿔러 취런촨더 페이 지

프리토킹 중국어회화 완전정복

이원준 엮음 | 170*233mm | 416쪽 | 18,000원(mp3 파일 무료 제공)

바로바로 하루 10분 일상 중국어

최진권 저 | 128*188mm | 416쪽 | 15,000원(mp3 파일 무료 제공)